AF643620

# Einfach. Gut. Bachmeier

## In der Welt daheim

80 bayerisch-internationale Rezepte

EMF

EIN BUCH DER EDITION MICHAEL FISCHER

BR

# INHALT

## AUS FLUSS, SEE & MEER 82

## VEGETARISCH 102

## DESSERTS 122

# IN DER WELT DAHEIM

**Im Herzen bayerisch, beim Geschmack weltoffen – das ist meine Küche bei „Einfach. Gut. Bachmeier“.**

Auf meinen Tellern, da trifft sich nicht nur die ganze Welt. Da treffen ganze Geschmackswelten aufeinander: ob italienische Aromen, der Duft französischer Kräuter oder raffinierte Kochtechniken aus Asien. Ich koche und kombiniere gern das Bekannte mit dem Unbekannten. Gute bayerische Produkte mit internationalen Zutaten – in dieser Welt bin ich daheim. Das Wichtigste dabei: Es muss alles zusammenpassen und harmonieren. Weil am Ende nur der Geschmack entscheidet. Er darf zwar überraschen, aber vor allem muss er gut sein.



Meine kulinarischen Wurzeln liegen in der Regionalküche. Ich sage bewusst nicht „bayerische Küche“, weil man da immer gleich auf Schweinsbraten mit Knödel reduziert wird. Ich meine, der schmeckt ja auch saugut – aber wir haben doch so viel mehr zu bieten! Und wenn man dann erst noch über den Tellerrand hinausschaut, nach Frankreich und Italien etwa, oder sogar nach Asien, dann tun sich da so unglaublich viele neue Möglichkeiten auf.

Mich interessiert immer, welche Zutaten sie woanders hernehmen, wie sie in anderen Ländern ihre Gerichte zubereiten. Und dann schaue ich, ob und wie ich das mit unseren bayerischen Produkten umsetzen kann. Das ist eine Herausforderung, die Spaß macht. Und so wird bei mir aus dem amerikanischen Pulled Pork eine Z’rupfte Sau mit bayerischem Coleslaw, das Tatar kommt mit bayerischem Radieserl-Kimchi nach koreanischem Vorbild daher und der Bratapfel vergnügt sich mit einem frankobayerischen Weißbier-Sabayon.

Es ist doch schön, wenn man sich nicht immer nur auf das beschränken muss, was man vor der eigenen Haustür hat. Ich nehme gern mal Sojasauce her, japanischen Essig oder scharfes südamerikanisches Chimichurri. Weil ich die heimische Küche neu denken und sie von einer anderen Richtung her aufrollen will. Geschmacklich – aber auch, weil sich die Welt inzwischen weitergedreht hat. Die Menschen wollen sich im Vergleich zu früher einfach bewusster und leichter ernähren.

Die bayerische Küche hat es verdient, dass man sie gesünder und frischer macht. Ohne auf die Lebensfreude zu verzichten. Man muss bloß einmal woanders hinschmecken und sich öffnen … dann ist auch die bayerische Küche in der Welt daheim.

Ihr

Hans Jörg Bachmeier

# DIE HERKUNFT

Wo ist einer daheim, wenn er in der Welt daheim ist? Am besten in der Nähe des Münchner Viktualienmarkts. Im „Bauch“ von München. Dort, wo Obst und Gemüse aus aller Herren Länder angeboten werden, genauso wie Schwein, Ochs und Reh aus Bayern. Im Biergarten spricht man Deutsch und versteht im Ernstfall sogar Englisch oder Japanisch. Steinpilze und Reherl (Pfifferlinge) kauft man bei der Schwammerlkönigin Renate (ganz rechts), exotische Zutaten bei MaiLing in der Westenriederstraße (S. 10 unten).

Nicht weit weg von hier liegt die derzeitige Kochheimat von Hans Jörg Bachmeier. Wenn er mit dem Lastenrad vom Markt kommt, dann kann es sein, dass die Radieserl unter der Plane hervorspitzen und der Spinat aus der Kiste lugt. Am hinteren Eingang seines Lokals „Bachmeier Genussfreuden“ wartet schon die Crew auf kulinarischen Nachschub.



Selbst einkaufen, die besten Produkte suchen – das ist eine der Leidenschaften von Bachmeier. „Frisch muss die Ware sein“, sagt er und erinnert sich an seine Kindheit in Niederbayern. Da glänzten auf dem Salat noch die Tautropfen, als er im elterlichen Wirtshaus angeliefert wurde. Direkt vom Feld nebenan. Mitten in Niederbayern stand die Wiege von Hans Jörg. Aber lange hielt es ihn da nicht drin. Zu verlockend roch es schon damals aus der Küche, und das zog den kleinen Bachmeier magisch an.

Schon im Alter von fünf Jahren kletterte er auf einen Schemel, um in die diversen Kochtöpfe zu lugen. Was der Papa alles Feines kochte und vor allem, was die Oma auf der Pfanne hatte. Vom Schweinsbraten bis zu den Rohrnudeln – die niederbayerische Küche hat Hans Jörg quasi mit der Muttermilch eingesogen. Sie ist auch heute noch die Basis für seine Art des Kochens. „Wer regionale Produkte verwendet, kocht automatisch saisonal“ – und das ist für Bachmeier die Königsdisziplin. Denn „der Körper weiß,

was ihm guttut. Spargel im Frühjahr, Schwammerl im Herbst – es hat schon seinen Grund, warum man genau dann Lust darauf hat."

Lehre im elterlichen Betrieb, diverse Stationen bei Sterneköchen – dann das eigene Lokal in München und sogar eine eigene Fernsehsendung. Da ist so manche Erfolgskerbe im Kochlöffel zusammengekommen. Aber das Beste: Auch 50 Jahre, nachdem der kleine Hans Jörg zum ersten Mal mit einem Löffel im Kochtopf umgerührt hat, brennt in ihm die Leidenschaft. „Ich muss mich nicht täglich aufs Neue motivieren", sagt er. „Kochen macht mir immer noch Spaß. Das ist ja auch ein toller Beruf – du bekommst sofort Feedback und machst Menschen schnell glücklich. Ich habe das schon immer gern getan, vor allem, weil ich meinen Beruf nicht als Beruf empfinde, sondern als Berufung."

In Niederbayern geboren, in München und in der Welt daheim: Richtig wohl fühlt sich Bachmeier überall dort, wo der gute Geschmack zu Hause ist. Seine Triebfeder als Koch ist die permanente Neugier. Und die stillt er auf dem Viktualienmarkt genauso wie auf der ein oder anderen Fernreise. Wichtig sind Bachmeier aber auch immer seine Wurzeln. Philosophisch betrachtet, braucht jede Zukunft auch eine Herkunft. Und die liegt bei Bachmeier in Niederbayern – ganz egal, wo er jetzt gerade daheim ist.

# DIE EINFLÜSSE

Von einem, der auszog, die neue Heimat zu finden, oder: Wie kommt ein Niederbayer zu Radicchiomarmelade, bayerischem Coleslaw und Radieserl-Kimchi? Erstens: Ohne Kreativität geht da rein gar nichts; und zweitens bedarf es der ein oder anderen Begegnung kulinarischer Natur mit schicksalhaftem Charakter. Den Weg von Hans Jörg Bachmeier haben viele Kulturen und viele Köche gekreuzt. Und nicht die schlechtesten. Heinz Winkler („Tantris"), Fritz Schilling („Käfer") – vor allem aber der Meister aller Meister: Jahrhundertkoch Eckart Witzigmann.

Der hat ein klares Urteil zum Bachmeier: „Sein Kochstil ist geprägt vom Reiz des Einfachen, des Schlichten – geschmacklich wie ästhetisch. Stets dem Produkt verpflichtet, nicht einem vordergründigen Gag. Ich sage: Bachmeier. Einfach. Gut." Das ist hohes Lob aus berufenem Mund. Die beiden verbindet seit Jahren eine tiefe Freundschaft, und natürlich hat „der Chef", wie Witzigmann in der Szene schlicht genannt wird, auch Bachmeier beeinflusst. „Seine Fixierung auf ein gutes Produkt, die Verliebtheit in die Qualität", sagt Bachmeier, „und dieses Nie-Zufrieden-Sein, immer besser werden zu wollen – das hat mich geprägt."

Um voranzukommen, muss man Neues zulassen. Das ist auch das Lebensmotto des Münchner Kochs. „Bleib wach, bleib neugierig. Neue Geschmäcker gibt es nicht, aber neue Geschmacksrichtungen schon ..." Im Gegensatz zu anderen Köchen hat ihn sein Küchenweg im Rahmen der Ausbildung nicht ins Ausland geführt („Das hat sich leider nie ergeben!"). Aber mit seinen vielen Reisen und Trips in exotische Länder macht er das inzwischen locker wett. Für seine Staffel *Streetfood* im Bayerischen Fernsehen recherchiert Bachmeier sogar selbst. Er probiert sich durch die Straßenküchen von Bangkok

über Hongkong bis hinauf nach Tokio. Und kommt auf den Geschmack der großen weiten Welt.

Ihn fasziniert vor allem die Perfektion der asiatischen Küche. In Japan lernt er einen Koch kennen, der sich nur auf eine einzige Suppe spezialisiert hat. „Seine Miso-Suppe war die perfekteste, die ich jemals gegessen habe!“ In Hongkong geht es mit dem guten Freund Moses zu seltsamen Locations. In einem Tennisclub-Restaurant genießt Hans Jörg aber dann die besten Reistaschen seines Lebens und in einem Hinterhof serviert ein Koch die beste Nudelsuppe Chinas. Auch hier am anderen Ende der Welt gilt: Nur das gute Produkt zählt.

Für diese Erkenntnis muss Bachmeier aber nicht immer um den halben Globus reisen. Kulinarische Einflüsse findet er überall. Zum Beispiel drüben in der „Bar Elf“ bei seinem Spezl Eros. Wie es sich für einen gestandenen Italiener gehört, schwingt in der Küche die Mamma Vittoria (oben) den Kochlöffel. „Magst du eine Stracciatella in brodo?“, hat sie einmal Bachmeier gefragt. Brühe mit Parmesan und Ei; ein traditionelles Kinderessen. Einfach, aber gut. Brühe, Ei, Nudeln – schon war die Idee für ein italienisch-vietnamesisches Crossover geboren. Nicht in Ho Chi Minh City und nicht in Rom, sondern drunten im Münchner Tal.

Pho Bo, Stracciatella und Chimichurri. Damit es nicht drunter und drüber geht in der Bachmeierschen Küche, braucht's eine gute Erdung. Die ist aber schon mal grundsätzlich gegeben – weil ein Niederbayer auch immer ein Niederbayer bleibt, egal, wo er ist. Und dann kommt ab und zu der Rudi vorbei. Zum Probieren. Der Färber Rudi (unten) ist einer der Letzten, die noch die echte Altmünchner Küche hochhalten. Und einer, der mit seiner Meinung bestimmt nicht hinter dem Berg hält. Quasi um die Ecke von „Bachmeier Genussfreuden“ betreibt er das legendäre Wirtshaus „Beim Sedlmayr“.

Viktualienmarkt, Italo-Bar, Sedlmayr: Für den Bacherl, wie ihn seine Freunde nennen, ist das ein Bermuda-Dreieck des guten Geschmacks. Manchmal muss man eben gar nicht lang suchen nach einer neuen Heimat, weil das Gute dann doch so nah liegt.

# DIE ZUKUNFT

„Jede Zukunft braucht erst einmal eine Herkunft – und das ist die Heimat." Was der Philosoph Odo Marquard so treffend formuliert hat, davon ist auch Hans Jörg Bachmeier fest überzeugt. Für ihn ist die bayerische Küche nicht ausschließlich Schweinsbraten mit Knödel. Er will ihr einen neuen Dreh geben, sie weiterentwickeln. „Tag für Tag kommt man ein Stückerl voran, weil es immer wieder neue Herausforderungen gibt." Oft genügt ein kleiner Funke, und schon bekommt ein Gericht einen neuen Twist. Ein Beispiel ist Bachmeiers Nudelsalat. „Den mariniert man ja traditionell mit Essig und Olivenöl, ich aber nehme Sojasauce her und Reisessig, weil der milder ist. Schmeckt einen Tick anders, aber super." Fertig ist der asiatisch-bayerische Brückenschlag.



Bachmeier will die traditionellen bayerischen Gerichte einfach von einer anderen Richtung her aufrollen. Zeitgemäß, weil sich die Zeiten auch geändert haben. „Die Leute bewegen sich immer weniger. Körperliche Arbeit gibt es kaum mehr", philosophiert der gebürtige Niederbayer. „Sogar der Landwirt sitzt den ganzen Tag auf dem Bulldog und ist GPS-gesteuert. Der braucht keine drei Knödel mehr, um am Nachmittag weiterarbeiten zu können." Schweinsbraten, ja – aber nicht dreimal in der Woche.

Das entspricht auch mehr dem ursprünglichen Wesen der bayerischen Küche. Womit wir wieder bei der Herkunft wären. „Denn eigentlich kommt die bayerische Küche eher aus der vegetarischen Ecke", sagt Hans Jörg Bachmeier. „Früher hast du nur einmal in der Woche Fleisch gekriegt. Wenn es hochgekommen ist, am Freitag einen Fisch, ansonsten nur Mehlspeisen oder Kartoffeln." Zum einen, weil das Fleisch teuer war, zum anderen, weil die Leute wegen der schweren Arbeit schnelle Energie und Kohlehydrate gebraucht haben.

Deshalb nimmt auch die vegetarische Küche immer mehr Platz ein beim Bachmeier. „Mir ist die Garnitur wahnsinnig wichtig", sagt er. Auf gut Deutsch, die Beilage. Aber dieses Wort mag er nicht. Auch vegan darf die Küche sein. „Ein tolles Thema – aber nur dann, wenn sie keine Ersatzküche ist, also wenn ich keinen veganen Burger oder eine vegane Wurst brauche." Bewusste Küche, nachhaltig und vegan – von diesen modernen Einflüssen lässt sich Bachmeier inspirieren. Um einen Schritt weiterzukommen. Denn Stillstand ist der Tod, das hat schon Grönemeyer gesungen, und das trifft auch auf das Kochen zu. Damit alles ganz anders bleibt.

Umso ruhiger ist die Art des Anrichtens bei Hans Jörg Bachmeier. Das mag auch daran liegen, dass er fast Fotograf geworden wäre, wenn er nicht schon mit dem Kochen so fest liiert gewesen wäre. Die Liebe zur Fotografie, die bringt ihm auch heute noch viel: „Weil ich eine klare Vorstellung habe, wie das Essen auf dem Teller beim Servieren aussehen muss. Keine Show auf dem Teller, kein Chichi, kein Schnickschnack. Das Produkt muss für sich stehen, ohne Zirkus außenrum." Auch hier bricht Bachmeier mit der Tradition. Raus aus dem Reindl – rein in die pure Welt des Genusses. Aber das ist fast schon wieder traditionell.

Wo geht Bachmeiers Küche hin? „Meine Zukunft ist die gesunde bayerische Küche mit viel Lebensfreude", skizziert er seinen Weg. Und natürlich muss sie schmecken. Die Heimat im Herzen, der Blick schweift weit über den Tellerrand hinaus. „Die Welt ist in Bewegung, die Leute sind überall unterwegs; da wäre es doch komisch, sich nur auf sein Viertel zu beschränken und zu sagen, bei uns gibt's halt bloß einen Schweinsbraten. Basta." Die unterschiedlichen Produkte zu kombinieren, bayerisch-exotisch, aber so, dass es passt – das ist die Herausforderung. „Letztlich geht es immer um die Überraschung beim Geschmack."

# DIE REZEPTE

# PREISELBEEREN

## KALT GERÜHRT

### PROZENTUAL

2 Teile frische Preiselbeeren (Kronsbeeren)

1 Teil Zucker

1. Die Preiselbeeren waschen, abtrocknen und mit dem Zucker in die Rührschüssel einer Küchenmaschine geben. Kalt (d. h. ohne Hitzezufuhr) auf sehr niedriger Stufe so lange rühren, bis sich der Zucker vollständig aufgelöst hat.
2. Ein Weckglas heiß ausspülen und die Preiselbeeren hineingeben. Kühl und dunkel lagern. Die Preiselbeeren halten sich 6–12 Monate.

Passt zum **Hirschroastbeef** auf S. 40/41

# WILDGEWÜRZ

## FÜR ALLE FÄLLE

### FÜR 1 GEWÜRZSTREUER

2 EL Piment ganz

2 EL weiße Pfefferkörner

2 EL Korianderkörner

4 Sternanis

10 Nelken

1 EL Wacholder

1 Zimtstange

2 Lorbeerblätter

1. Piment, Pfeffer, Koriander, Sternanis, Nelken, Wacholder, Zimtstange und Lorbeer in eine beschichtete Pfanne ohne Fett geben und bei schwacher Hitze anrösten.
2. Herausnehmen und die Gewürze in einem Mixer oder einem Mörser fein mahlen. In einen Gewürzstreuer abfüllen.

Passt zum **Hirschroastbeef** auf S. 40/41

Passt zum **Tatar vom Kalbsfilet** auf S. 27

# RADIESERL-KIMCHI

## SCHARFES SAUERKRAUT

**FÜR 1 EINMACHGLAS (2 l Inhalt)**

1 Spitzkraut • 2 EL Salz
1 Karotte • 5 Radieserl
¼ Radi (Rettich)
2 Frühlingszwiebeln

**Für die Paste**

3 Knoblauchzehen
1 Apfel • 80 ml Fischsauce
3 EL Austernsauce
2 EL Sojasauce
1 EL Chiliflocken

1. Am Vortag das Spitzkraut vierteln, den Strunk herausschneiden und das Kraut in Rauten schneiden. Salzen, gut durchmischen und über Nacht durchziehen lassen.
2. Am nächsten Tag alle Zutaten für die Paste in einem Mixer verarbeiten.
3. Karotte, Radieserl und Radi putzen und waschen, dann grob auf einer Haushaltsreibe raspeln. Frühlingszwiebeln putzen und waschen, in ½ cm dicke Röllchen schneiden. Das Gemüse vermischen.
4. Das Spitzkraut waschen, zum Gemüse geben und alles mit der Paste vermengen. In ein Einmachglas geben und gut zusammendrücken. Ein zurechtgeschnittenes Backpapier auf das Kraut legen. Den Deckel des Einmachglases nur auflegen, nicht verschließen. Das Kraut etwa 14 Tage an einem kühlen, dunklen Ort fermentieren lassen. Danach das Glas verschließen. Das Kimchi hält sich etwa 6 Monate.



Passt zur **Z'rupften Sau** auf S. 70/71

# BAYERISCHES CHIMICHURRI

## SCHARFE PETERSILIENSAUCE

**FÜR 4 PERSONEN**

1 großes Bund Petersilie (ca. 250 g)
3 Knoblauchzehen
1 Chilischote
abgeriebene Schale und Saft von 1 Bio-Zitrone
1 EL Meersalz
2 Schalotten
½ Radi (Rettich)
4 EL milder Weißweinessig
100 ml Olivenöl
Pfeffer aus der Mühle

1. Die Petersilie waschen und trocken schleudern, harte Stängel entfernen; die Petersilie fein hacken. Knoblauchzehen schälen, Keim entfernen. Die Chilischote waschen, von Stielansatz und Kernen befreien. Den Knoblauch mit Chilischote, Zitronenabrieb und Meersalz in einen Mörser geben. Zu einer feinen Paste pürieren.
2. Schalotten schälen und in feine Würfel schneiden, in kochendem Wasser kurz blanchieren und lauwarm abspülen. Die Paste mit den Schalotten zur Petersilie geben.
3. Den Radi schälen, auf einer Haushaltsreibe fein raspeln und mit der Petersilie vermengen. Zitronensaft, Weißweinessig und Olivenöl dazugeben, alles kräftig verrühren und mit Pfeffer abschmecken.

# SALZZITRONEN

## WÜRZIG EINGELEGT

Passt zum **Wolfsbarsch** auf S. 86/87

**FÜR 2 EINMACHGLÄSER (à 1 l Inhalt)**

8 Bio-Zitronen
6 EL Meersalz
2 Lorbeerblätter
1 EL Pfefferkörner

1. Für die Salzzitronen 2 Zitronen entsaften. Die restlichen 6 Zitronen kreuzweise tief einschneiden; jeweils 1 TL Salz in die Einschnitte geben und leicht einmassieren.
2. Zwei Einmachgläser heiß ausspülen. In jedes Einmachglas 3 Zitronen, 1 Lorbeerblatt und ½ EL Pfeffer geben. Das restliche Salz und den Zitronensaft auf die beiden Gläser verteilen.
3. Die beiden Gläser mit heißem Wasser aufgießen und luftdicht verschließen. Die Zitronen an einem kühlen, dunklen Ort 4–6 Wochen fermentieren lassen.

# OLIVEN-ZWIEBEL-GREMOLATA

## PETERSILIENWÜRZMISCHUNG

**FÜR 4 PERSONEN**

2 rote Zwiebeln • Salz
2 EL milder Weißweinessig
4 EL Olivenöl • Zucker
3 Knoblauchzehen
1 Bund Petersilie
Schale von 1 Bio-Zitrone
200 g schwarze Oliven (mit Stein)

1. Die Zwiebeln schälen und halbieren, Strunk entfernen. Die Zwiebeln in etwa 1 cm dicke Streifen schneiden. In kochendem Salzwasser kurz blanchieren und lauwarm abspülen.
2. In einer Schüssel die Zwiebeln mit Essig und Olivenöl marinieren, mit Salz und Zucker abschmecken. Den Knoblauch schälen, die Petersilie waschen, trocken schütteln und harte Stiele entfernen. Knoblauch, Petersilie und Zitronenschale fein hacken und zu den Zwiebeln geben. Die Oliven entsteinen, grob hacken und ebenfalls dazugeben. Alles gut durchrühren.

Passt zur **Geschmorten Kalbshaxe** auf S. 66

Passt zum **Schweinekotelett** auf S. 68/69

# SENFZWIEBELN
## IN ROTWEIN

**FÜR 4 PERSONEN**

500 ml Rotwein
250 ml roter Portwein
1 EL Senfkörner
4 milde rote Zwiebeln
20 g Butter
1 EL Zucker
1 Lorbeerblatt
1 EL Dijon-Senf
Salz • Pfeffer aus der Mühle

1. Rotwein und Portwein mit den Senfkörnern in einem Topf erhitzen. Um die Hälfte einkochen, bis die Senfkörner weich sind.
2. Die Zwiebeln schälen und in feine Streifen schneiden. In einem Topf die Butter aufschäumen (→ S. 34), die Zwiebelstreifen darin anschwitzen und mit dem Zucker karamellisieren. Mit der Rotwein-Senf-Reduktion ablöschen, Lorbeerblatt dazugeben und die Zwiebel weich garen. Wenn die Flüssigkeit verkocht und die Zwiebel weich ist, den Dijon-Senf einrühren, um den Rotwein noch ein bisschen zu binden. Mit Salz und Pfeffer abschmecken.



Passt zum **Kürbis-Curry** auf S. 114/115

# EINGELEGTER KÜRBIS
## SÜSS-SAUER

**FÜR 4 WECKGLÄSER**
**(à 1 l Inhalt)**

4 Bio-Zitronen
500 ml Obstessig
500 g Zucker
10 g geschälter frischer Ingwer
1 Zimtstange
8 Nelken
ca. 30 Senfkörner
1,5 kg Muskatkürbisfruchtfleisch

1. Mit einem Sparschäler die Zitronenschale dünn in Form einer Spirale abziehen, die 4 Spiralen beiseitelegen. Den Zitronensaft auspressen und mit dem Obstessig, dem Zucker und dem Ingwer in einen Topf geben. Die Gewürze hinzufügen und einmal kräftig aufkochen.
2. Den Muskatkürbis in 2 cm große Würfel schneiden. In den Sud geben, noch einmal aufkochen. Die Hitze reduzieren und den Kürbis sanft köcheln lassen, bis er weich ist, aber noch einen schönen Biss hat.
3. Vier größere Einmachgläser heiß auswaschen. In jedes Glas 1 Zitronenspirale geben und den Kürbis mit den Gewürzen heiß auf die vier Gläser verteilen. Deckel verschließen und 2 Tage ziehen lassen. Den Kürbis am besten an einem kühlen, dunklen Ort aufbewahren. Er hält sich 6 Monate und passt gut als saures Gemüse zur Brotzeit oder als Einlage für das Kürbis-Curry.

Passt zur **Frittierten Hendlbrust** auf S. 42

# HONIG-TOMATEN-DIP

## SCHARFE WÜRZSAUCE

**FÜR 2 EINMACH-GLÄSER (à 1 l Inhalt)**

6 Korianderkörner
4 Nelken • 1 EL Meersalz
½ TL scharfes Paprikapulver
100 g Zwiebel
3 EL Pflanzenöl
20 g Zucker
1 l passierte Tomaten
400 g San-Marzano-Tomaten (aus der Dose)
100 g getrocknete Tomaten
250 g Honig
250 ml Weinessig
2 scharfe Chilischoten
1 EL frisch geriebener Ingwer

1. Koriander und Nelken in einer beschichteten Pfanne ohne Fett anrösten, mit Meersalz und Paprikapulver in einem Mörser fein zermahlen.
2. Die Zwiebel schälen und in Würfel schneiden. In einem ausreichend großen Topf das Öl erhitzen, Zwiebel darin andünsten und mit dem Zucker karamellisieren. Mit den passierten Tomaten ablöschen, San-Marzano-Tomaten und getrocknete Tomaten dazugeben. Mit 250 ml Wasser auffüllen, Honig und Essig dazugeben. Chilis halbieren und mit den gemahlenen Gewürzen sowie dem Ingwer zu den Tomaten geben. Unter gleichmäßigem Rühren aufkochen, bei schwacher Hitze 30 Minuten köcheln lassen; dabei ab und zu umrühren, damit nichts ansetzt.
3. Den Honig-Tomaten-Dip in einem Mixer fein pürieren, durch ein Sieb streichen und nochmals aufkochen. Gleich verwenden oder heiß in Gläser füllen und sofort fest verschließen. Der Dip hält sich 6 Monate.

Passt zur **Geschmorten Kalbsschulter** auf S. 64

# MEERRETTICHPÜREE

## SCHÄRFE AUF KARTOFFELBASIS

**FÜR 4 PERSONEN**

200 g mehligkochende Kartoffeln • Salz
½ TL ganzer Kümmel
1 Stängel Petersilie
120 g zimmerwarme Butter
250 ml Milch
frisch geriebene Muskatnuss
2 EL Meerrettich (aus dem Glas)

1. Die Kartoffeln waschen und mit der Schale in einen Topf geben. Salzen, Kümmel und Petersilie zugeben, mit Wasser bedecken, aufkochen und die Kartoffeln in etwa 20 Minuten weich garen. Das Wasser abgießen, die Kartoffeln kurz ausdampfen lassen, noch heiß pellen und durch die Kartoffelpresse drücken.
2. Die Butter mit einem Holzlöffel nach und nach unter das Kartoffelpüree rühren. Die Milch aufkochen und ebenfalls langsam nach und nach einarbeiten. Das Püree mit Salz und Muskat abschmecken, den Meerrettich gleichmäßig unterheben.

Passt zur **Hochrippe vom Grill** auf S. 56/57

# NUSSBUTTER-HOLLANDAISE

## BUTTER-EIGELB-SAUCE

**FÜR 4 PERSONEN**

**Für die Nussbutter**

100 g kalte Butter
1 Zweig Thymian
abgeriebene Schale von ½ Bio-Zitrone
Salz

**Für die Sauce Hollandaise**

3 Eigelb (Größe M)
1 TL Estragonessig
30 ml Weißwein
Cayennepfeffer
Salz • Pfeffer aus der Mühle

1. Butter klein schneiden und in einem Topf bei mittlerer Hitze zerlassen. Hitze erhöhen, die Butter unter ständigem Rühren braun werden lassen; die Molke soll sich nicht vom Butterschmalz trennen. Wenn die Butter braun und nussig ist, Thymian und Zitronenabrieb dazugeben, leicht salzen. Die Buttermischung in eine Schüssel geben, die in einem Eiswasserbad (→ S. 37) steht, und lauwarm rühren, dann beiseitestellen.
2. Einen Topf zur Hälfte mit Wasser füllen, dieses aufkochen. In eine mittelgroße Stielkasserolle, die als Wasserbadtopf auf den Topf passt, die Eigelbe geben. Essig, Wein und ebenfalls 30 ml Wasser zugießen, mit Cayennepfeffer, Salz und Pfeffer abschmecken, kräftig verrühren. Auf den Topf (das „Wasserbad") stellen, mit einem mittelweichen Schneebesen gleichmäßig aufschlagen; die Masse darf nicht zu heiß werden. Die Hollandaise ist fertig, wenn sie zur Rose abgezogen ist (→ S. 134).
3. Die Stielkasserolle vom Wasserbad nehmen, die Sauce etwa 30 Sekunden nachschlagen, um die Temperatur anzugleichen. Beiseitegestellte Butter langsam in die Masse einlaufen lassen und gut verrühren. Noch einmal nachschmecken, auf dem Wasserbad warm stellen.



Passt zu **Krautwickerl vom Zander** auf S. 92/93

# BEURRE BLANC

## WEISSE BUTTERSAUCE

**FÜR 4 PERSONEN**

2 Schalotten • 1 TL Butter
200 ml Fischfond
100 ml Weißwein
5 cl Noilly Prat (Wermut)
200 g Sahne • 50 g Butter
Salz • Pfeffer aus der Mühle
Weißweinessig zum Abschmecken

1. Die Schalotten schälen und in Würfel schneiden. In einer Stielkasserolle 1 TL Butter erhitzen, die Schalotten darin andünsten. Mit Fischfond, Weißwein, Wermut ablöschen. Bei starker Hitze rasch aufkochen und auf ein Drittel reduzieren.
2. Die Sahne zugießen und cremig einkochen. Mit einem Stabmixer die Butter nach und nach untermischen. Mit Salz, Pfeffer und Essig abschmecken.

# SALATE, SUPPEN & VORSPEISEN

INSPIRATION ITALIEN

# BUNTER BETESALAT

## MIT APFEL & CASHEWKERNEN

**FÜR 4 PERSONEN**

2 TL Kümmel
Salz
2 Spickzwiebeln (mit je 1 Lorbeerblatt und 2 Nelken; → Tipp)
milder Weißweinessig
2 kleine rote Beten
2 kleine gelbe Beten
1 kleine Ringelbete (Tonda di Chioggia)
Olivenöl
Pfeffer aus der Mühle
50 g Cashewkerne
1 mildsäuerlicher Apfel
1 TL Zucker
1 EL Himbeeressig
12 Himbeeren
1 Staude Chicorée
1 kleiner Radicchio oder Trevisano Tardivo
1 Bund Rucola

1. In einem Topf Wasser mit Kümmel, Salz, Spickzwiebeln und 2 Spritzern Essig aufkochen. Rote und gelbe Beten getrennt darin weich garen. Beide Sorten Beten schälen und halbieren, dann vierteln und achteln.

2. Die Ringelbete schälen und mit einem Gemüsehobel in dünne Scheiben hobeln. Mit Salz würzen, 1 Spritzer Essig darübergeben und mit 2 EL Olivenöl marinieren. Mit Pfeffer übermahlen, dann ziehen lassen.

3. Cashewkerne grob zerkleinern und in einer beschichteten Pfanne ohne Fett anrösten. Auf einem Teller beiseitestellen. 2 EL Olivenöl in der Pfanne erwärmen. Den Apfel vierteln und das Kerngehäuse entfernen. Apfelspalten noch einmal halbieren, im Öl andünsten und mit Zucker karamellisieren. Mit 2 EL Essig ablöschen. Die gelben Beten zu den Äpfeln in die Pfanne geben. Salzen, pfeffern und lauwarm ziehen lassen.

4. In einer zweiten Pfanne 2 EL Olivenöl erwärmen, die roten Beten darin kurz anschwitzen, mit dem Himbeeressig ablöschen. Die Himbeeren vorsichtig darunterheben. Mit 1 Prise Salz und mit Pfeffer würzen.

5. Die Ringelbete-Scheiben in tiefen Tellern kreisförmig anrichten. Rote und gelbe Beten zusammen mit den Apfelspalten auf der Ringelbete anrichten. Die Bittersalate verlesen, putzen, waschen und trocken schleudern. Salate kleiner zupfen und die Beten damit garnieren. Die Himbeeren zusammen mit der Marinade auf den Beten und den Salaten verteilen. Geröstete Cashewkerne darüberstreuen.

### BACHMEIERS TIPP

*In Brühen und Fonds verwende ich gern* ***Spickzwiebeln:*** *geschälte Zwiebelhälften, die* ***mit Lorbeer und Nelken*** *gespickt sind. Dafür in die halbe Zwiebel einen Spalt schneiden und 1 Lorbeerblatt hineinstecken, dieses mit den Nelken fixieren. Oder das Lorbeerblatt auf die Zwiebel legen und die Nelken durch das Blatt in die Zwiebel stecken.*

# TATAR VOM RIND

## MIT FENCHELSALAT AUF GERÖSTETEM BROT

**FÜR 4 PERSONEN (oder für 2 Personen als Hauptgang)**

**Für den Fenchelsalat**

1 Fenchelknolle mit Grün
2 cl Weißweinessig
Meersalz • Zucker
1 cl Anisschnaps (z. B. Pastis oder Pernod; darf auch weggelassen werden)
1 Msp. Piment d'Espelette
Olivenöl

**Für das Tatar**

400 g frische, magere Rinderhüfte oder „Meiserl" aus der Schulter
1 Schalotte
3–4 Cornichons und 1 EL Einlegeflüssigkeit
2 Eigelb (Größe M)
1 TL Dijon-Senf • 2 cl Cognac
1 EL Ketchup • 2 EL Olivenöl
1 Spritzer Worcestershiresauce
1 EL fein gehackte Kapern
1 Msp. fein gehackte Chilischote
2 Sardellen, fein gehackt
Salz • Pfeffer aus der Mühle
Piment d'Espelette (alternativ Cayennepfeffer)

1. Für die Kapernbutter Kapern in Salz in ein Sieb schütten und mit kaltem Wasser spülen, dann in eine Schüssel geben und mit frischem kaltem Wasser bedecken. Etwa 2 Stunden einweichen lassen. (Wenn Sie eingelegte Kapern verwenden, ist dieser Arbeitsschritt nicht notwendig.)

2. Für den Fenchelsalat den Fenchel waschen und putzen, das Grün abschneiden und beiseitestellen. Mit einem Gemüsehobel den Fenchel in feine Scheiben hobeln. Mit Essig, Meersalz und Zucker würzen. Anisschnaps und Piment d'Espelette dazugeben, 30 Minuten marinieren.

3. Inzwischen für das Tatar das Fleisch mit einem scharfen Messer erst in Streifen, dann in Würfel schneiden. Die Schalotte schälen und ebenso wie die Cornichons fein würfeln. In einer Schüssel die Eigelbe mit Senf, Cognac und Ketchup glatt rühren. Olivenöl und Worcestershiresauce dazugeben, die Flüssigkeit von den Cornichons mit einrühren. Gehackte Kapern, Chili und Sardellen unterheben. Das Fleisch in der Mischung marinieren, mit Salz, Piment d'Espelette und Pfeffer abschmecken. Schalotte kurz mit kochendem Wasser überbrühen und unter fließendem kaltem Wasser abschrecken. Trocken tupfen und zusammen mit den Cornichons vorsichtig unter das Fleisch geben. Bei Bedarf mit Salz und Pfeffer nachwürzen.

4. Das Fenchelgrün hacken, mit etwas Olivenöl zum Fenchel geben und durchmischen. Den Fenchelsalat auf die Teller verteilen. Das Fleisch zu Nocken formen oder mithilfe eines Anrichterings auf dem Fenchel anrichten. Mit Kräutern garnieren.

### STICHWORT: MEISERL

*Das „Meiserl" ist ein sehr mageres Stück Fleisch aus der Rinderschulter. Es wird auch „falsches Filet" genannt und eignet sich perfekt für Tatar.*

## HIER GEHT'S WEITER

**Für die Kapernbutter**

20 g Kapern (im Glas eingelegt oder in Salz)

150 g zimmerwarme Butter

1 Prise Cayennepfeffer oder Piment d'Espelette

**Zum Garnieren**

Kräuter (verschiedene Kressen, Schnittlauch, Blutampfer etc.; → S. 50)

geröstete Bauernbrotscheiben

5. Für die Kapernbutter die Kapern in ein feines Sieb schütten und das Wasser auffangen. Kapern fein hacken. In einer Rührschüssel Butter und Gewürz mit einem Handrührgerät schaumig rühren. Kapern darunterheben, langsam etwas Kapernwasser einlaufen lassen; dabei aufpassen, dass die Butter nicht zu weich wird. Die Kapernbutter auf die gerösteten Bauernbrotscheiben streichen und zum Tatar servieren.

### STICHWORT: PIMENT D'ESPELETTE

*Piment d'Espelette ist ein sehr aromatisches, mildes und leicht rauchiges Chilipulver aus dem französischen Baskenland. Die Bezeichnung ist geschützt: Das Gewürz darf nur in Frankreich in Glasflaschen abgefüllt werden; andernfalls wird es z. B. als „Baskischer Chili" verkauft.*

# TATAR VOM KALBSFILET

## MIT BAYERISCHEM RADIESERL-KIMCHI

**FÜR 4 PERSONEN**

1 Kalbsfilet (ca. 600 g)

4 EL fertiges Radieserl-Kimchi (→ S. 17)

2 EL grüne Frühlingszwiebel-Röllchen

bunte Kresse, zum Garnieren

1. Für das Tatar das Fleisch von allen Sehnen und von Fett befreien, in feine Würfel schneiden.
2. Kimchi mit 1 EL Frühlingszwiebel-Röllchen vermengen und unter das Fleisch geben. Alles gut verrühren.
3. Das Tatar in der Mitte eines Tellers anrichten und mit den restlichen Frühlingszwiebel-Röllchen und der Kresse garnieren.

# PANZANELLA

## EIN BAYERISCHER BROTSALAT

**FÜR 4 PERSONEN**

20 Kirschtomaten
1 TL Puderzucker
2 Zweige Thymian
Meersalz
Pfeffer aus der Mühle
1 kleiner Radi (Rettich)
4 Radieserl
½ Laib altbackenes dunkles Bauernbrot, in Scheiben geschnitten
Öl zum Braten
1 Zweig Rosmarin
1 geschälte Knoblauchzehe
1 rote Zwiebel
Weißweinessig
1 Kugel Mozzarella (125 g; am besten aus bayerischer Milch)
2 EL Kapern in Meersalz (eingeweicht in einem Glas mit Wasser)
1 Kopfsalat
1 Bund Schnittlauch, in Röllchen geschnitten

1. Den Backofen auf 160 °C (Umluft) vorheizen. Ein Blech mit Backpapier auslegen. Die Kirschtomaten halbieren und mit der Schnittseite nach oben auf das Backblech legen, mit Puderzucker bestreuen. Die Thymianblätter vom Zweig abstreifen und darüberstreuen. Mit Meersalz und Pfeffer würzen und im heißen Backofen (Mitte) 30 Minuten garen. Die Tomaten sind fertig, wenn sie leicht trocken sind.

2. Inzwischen den Radi waschen, trocknen, putzen, längs halbieren und in feine Scheiben schneiden. Radieserl waschen, putzen und in feine Scheiben hobeln. Radi und Radieserl kräftig salzen und etwa 30 Minuten ziehen lassen.

3. Das Brot in walnussgroße Stücke schneiden. Öl in einer beschichteten Pfanne erhitzen, Rosmarin und Knoblauch dazugeben und das Öl damit aromatisieren. Die rote Zwiebel schälen, im Öl andünsten und mit etwas Essig ablöschen. Die Brotwürfel dazugeben und anbräunen, zusammen mit der Zwiebel in eine Schüssel geben. Radi und Radieserl mitsamt der ausgetretenen Flüssigkeit dazugeben. Den Mozzarella in walnussgroße Stücke schneiden und ebenfalls zum Brotsalat geben. Die Tomaten darunterheben.

4. Die Kapern aus dem Wasser nehmen, abtropfen lassen und mit in die Schüssel geben. Vorsichtig mit dem Salzwasser der Kapern würzen und mit etwas Essig abschmecken.

5. Den Kopfsalat verlesen, waschen, trocken schleudern und unter den Brotsalat heben. Bei Bedarf mit Salz und Pfeffer abschmecken, in tiefen Tellern anrichten und mit den Schnittlauchröllchen bestreuen.

# NUDELSALAT

## MIT LACHSTATAR

**FÜR 4 PERSONEN (oder für 2 Personen als Hauptgang)**

**Für den Nudelsalat**

Salz • 100 ml Apfelsaft
250 g Buchweizennudeln (Soba-Nudeln)
2 Radieserl • ½ Salatgurke
2 EL Reisessig
1 EL Sojasauce
Pfeffer aus der Mühle
Zucker • 2 EL Olivenöl
1 Stängel Dill
1 Frühlingszwiebel

**Für das Lachstatar**

1 Lachsfilet (ca. 200 g; Sashimi-Qualität; ohne Haut und Gräten)
Salz • ½ Bio-Limette
1 EL Olivenöl
Cayennepfeffer
Pfeffer aus der Mühle

**Zum Garnieren**

1 Nori-Blatt (Alge)
30 g Lachskaviar

1. Für den Nudelsalat in einem ausreichend großen Topf Wasser zum Kochen bringen. Kräftig mit Salz würzen und den Apfelsaft dazugießen. Die Buchweizennudeln einlegen und nach Packungsanweisung bissfest kochen. Abgießen und die Nudeln lauwarm abspülen.
2. Die Radieserl waschen und putzen, erst in Scheiben, dann in Streifen schneiden. Die Gurke schälen, längs vierteln und die Kerne herausschaben, die Gurke in etwa ½ cm große Würfel schneiden.
3. Die Nudeln mit Reisessig, Sojasauce, Salz, Pfeffer und nach Bedarf etwas Zucker abschmecken. Die Radieserlstifte und die Gurkenwürfel dazugeben und alles vorsichtig vermengen. Zum Schluss das Olivenöl unterrühren.
4. Den Dill waschen, trocknen und zerzupfen, die Frühlingszwiebel waschen, putzen und in Ringe schneiden. Dill und Frühlingszwiebel unter die Nudeln mischen. Das Nori-Blatt in feine Streifen schneiden und beiseitelegen.
5. Für das Lachstatar das Fischfilet zuerst in Streifen, dann in feine Würfel schneiden und salzen. Die Limette lauwarm waschen, die Hälfte der Schale fein abreiben und zum Lachs geben. Olivenöl zugießen und mit Salz, Cayennepfeffer und Pfeffer würzen. Zum Schluss mit frisch gepresstem Limettensaft abschmecken.
6. Den Nudelsalat in tiefen Tellern anrichten und das Lachstatar darauf verteilen. Den Lachskaviar locker über die Nudeln streuen und mit den Nori-Streifen garnieren.

INSPIRATION NIEDERBAYERN

# GEPÖKELTE SCHWEINEBACKERL

## MIT BOHNENSALAT

### FÜR 4 PERSONEN

**Für Schweinebackerl & Sud**

3 Schalotten

2 Karotten • 1 Stange Lauch

150 g geputzter Knollensellerie

2 EL Pflanzenöl zum Braten

600 g gepökelte Schweinebacken

50 g Zucker + etwas mehr

100 ml Weinessig + etwas mehr

100 ml weißer Portwein

100 ml Weißwein

300 ml Fleischbrühe

2 Lorbeerblätter

je 1 Zweig Thymian und Rosmarin

1 Stängel Petersilie

2 rote Zwiebeln

50 g Butter • 100 g Sahne

etwas Speisestärke (nach Bedarf)

Salz • Pfeffer aus der Mühle

**Für den Bohnensalat**

Salz • 100 g grüne Bohnen

Weinessig • Öl

**Zum Servieren**

2 Stängel Dill • 2 Radieserl

Kürbiskernöl

1. Für die Backerl Schalotten, Karotten und Lauch schälen bzw. waschen und putzen, mit dem vorbereiteten Knollensellerie in walnussgroße Würfel schneiden.
2. In einem Bräter das Pflanzenöl erhitzen und die Schweinebacken darin ohne Farbe leicht anbraten. Aus dem Bräter nehmen, das Gemüse hineingeben und anbraten. Mit 50 g Zucker karamellisieren, mit 100 ml Essig, Portwein und Weißwein ablöschen und mit der Brühe aufgießen. Aus Lorbeer, Thymian, Rosmarin und Petersilie ein Bouquet garni (Kräutersträußchen) binden und in den Sud geben. Die Backerl ebenfalls hineingeben, bei schwacher Hitze in etwa 40 Minuten weich garen.
3. Inzwischen für den Bohnensalat Salzwasser zum Kochen bringen. Die Bohnen waschen und putzen, ins sprudelnd kochende Wasser geben und in 10 Minuten bissfest kochen. In Eiswasser (→ S. 37) abschrecken. Herausnehmen und auf einem Küchentuch trocknen lassen, dann halbieren und mit Essig und Öl marinieren.
4. Die roten Zwiebeln schälen, den Strunk entfernen und die Zwiebeln in 1 cm dicke Scheiben schneiden. Die fertiggegarten Backerl aus dem Bräter nehmen. Den Sud durch ein Sieb passieren, etwa 100 ml abnehmen und mit Butter und Sahne verkochen. Mit Zucker und Essig süßsauer abschmecken, bei Bedarf mit etwas Stärke leicht abbinden. Warm stellen.
5. Den übrigen Sud probieren und eventuell noch einmal mit Salz und Pfeffer abschmecken. Etwas davon abnehmen, die Zwiebeln darin kurz aufkochen und beiseitestellen. Die Backerl in Scheiben schneiden.
6. Die Backerl mit den Zwiebeln in tiefen Tellern anrichten und mit den Bohnen garnieren. Den Sahnesud mit einem Stabmixer mixen, den Schaum über die Backerl geben. Den Dill von den Stängeln zupfen und darüberstreuen. Die Radieserl darüberhobeln und das Ganze mit Kürbiskernöl beträufeln.

# MEERRETTICHSUPPE

## MIT GLASIERTER HÜHNERLEBER

### FÜR 4 PERSONEN

**Für die Meerrettichsuppe**

2 Schalotten
1 große mehligkochende Kartoffel
200 g frischer Meerrettich
3 EL Öl zum Frittieren
1 TL Weizendunst (Grießler; → **Stichwort**)
1 EL kalte Butter
100 ml Weißwein
300 ml Gemüsefond
200 g Sahne • Salz
frisch geriebene Muskatnuss
Cayennepfeffer
1 EL Sahnemeerrettich
etwas Zitronensaft

**Für die Einlage**

4 Geflügellebern (ca. 120 g)
30 g Butter
Salz • Pfeffer aus der Mühle
etwas frischer Majoran
Aceto balsamico

**Zum Garnieren**

2 EL Schnittlauchröllchen
1 Radieserl
Pfeffer aus der Mühle

1. Für die Suppe die Schalotten schälen, halbieren und in Würfel schneiden. Die Kartoffel waschen, schälen und auf einer Reibe raspeln. Den Meerrettich waschen, schälen und separat auf der gleichen Reibe raspeln. In einer Pfanne das Öl erhitzen. Etwa 2 EL geraspelten Meerrettich mit dem Mehl vermengen und kurz im Öl frittieren. Auf Küchenpapier abtropfen lassen und beiseitestellen.

2. In einem Topf die Butter aufschäumen (→ S. 34). Schalotten, Kartoffel und übrigen Meerrettich darin ohne Farbe anschwitzen. Mit Weißwein ablöschen, mit Gemüsefond aufgießen und weich köcheln lassen. Die Suppe fein pürieren und durch ein Sieb streichen. Sahne zugeben und etwa 5 Minuten köcheln lassen, bis die gewünschte Konsistenz erreicht ist. Die Suppe mit Salz, Muskat und Cayennepfeffer abschmecken, dann mit dem Sahnemeerrettich und dem Zitronensaft abrunden.

3. Für die Einlage von der Hühnerleber Häute und Blutgefäße entfernen. Die Butter in einer Pfanne erhitzen und die Leber wenige Minuten von beiden Seiten anbraten. Mit Salz, Pfeffer und Majoran würzen, kurz durchschwenken und mit 1 Spritzer Balsamico ablöschen.

4. Zum Garnieren die Radieserl waschen, putzen und in Streifen schneiden. Die Suppe mit einem Stabmixer noch einmal kurz pürieren und in tiefe Teller schöpfen. Die Hühnerlebern einlegen und mit Schnittlauch und Radieserl garnieren. Mit etwas Pfeffer übermahlen.

### STICHWORT: WEIZENDUNST

*Dunst ist weniger fein gemahlen als Weizenmehl Type 550, aber feiner als Grieß. Er wird gern für Pizza oder Spätzle verwendet und findet sich im Handel auch unter den Bezeichnungen „Grießler", „Spätzlemehl" oder „doppelgriffiges Mehl".*

# KASTANIENSUPPE

## MIT WACHTEL-ROSMARIN-SATÉ

### FÜR 4 PERSONEN

**Für die Kastaniensuppe**

20 g geschälte Schalotten
50 g geputzter Knollensellerie
40 g Butter
150 g geschälte italienische Kastanien
4 cl Madeira (Likörwein)
50 ml Weißwein
300 ml helle Geflügelbrühe
100 g Sahne
Salz • Pfeffer aus der Mühle

**Für das Wachtel-Rosmarin-Saté**

8 Wachtelbrüstchen
Salz • Pfeffer aus der Mühle
4 schöne Zweige Rosmarin
2 EL Öl zum Braten
2 kleine Steinpilze (alternativ Kräuterseitlinge)
1 EL kalte Butter

1. Für die Suppe die Schalotten und den Sellerie in kleine Stücke schneiden. In einem Topf die Butter aufschäumen (→ Stichwort). Schalotten, Sellerie und die Kastanien darin anbraten, mit Madeira und Weißwein ablöschen. Geflügelbrühe angießen und 15 Minuten köcheln lassen.

2. Die Suppe in einem Standmixer fein pürieren und durch ein Sieb streichen. Zurück in den Topf füllen, mit der Sahne aufgießen und langsam aufkochen. Mit Salz und Pfeffer würzen.

3. Für das Saté die Wachtelbrüstchen salzen, pfeffern und auf jeden Rosmarinzweig 2 Brüste aufspießen. In einer Pfanne das Öl erhitzen. Die Spieße einlegen und von allen Seiten anbraten. Steinpilze halbieren und zu den Spießen geben. Kalte Butter dazugeben und aufschäumen. Spieße und Pilze immer wieder mit der Butter übergießen.

4. Die Spieße auf ein Küchentuch legen und kurz ruhen lassen. Die Suppe noch einmal mit Salz und Pfeffer abschmecken, auf vier vorgewärmte tiefe Teller verteilen und die Satéspieße einlegen.

### STICHWORT: BUTTER AUFSCHÄUMEN

*Wenn Zutaten nicht sehr hoch erhitzt werden sollen, am besten die Butter aufschäumen: Die Butter wird bei schwacher Hitze so lange erhitzt, bis Bläschen aufsteigen und sich leichter Schaum bildet. Dann ist sie bereit zum Anbraten. Butter verbrennt bei über 170 °C. Wenn man sie mit Öl mischt, wird sie etwas hitzebeständiger.*

# GEEISTE KARTOFFELSUPPE

## MIT ERBSEN

### FÜR 4–6 PERSONEN

**Für die kalte Kartoffelsuppe**

400 g mehligkochende Kartoffeln

weißer Teil von 1 Stange Lauch

6 EL Öl · 1,5 l Gemüsebrühe

2 Lorbeerblätter

1 Stängel Liebstöckel

Salz · Cayennepfeffer

frisch geriebene Muskatnuss

400 g Sahne

2 EL Zitronensaft

**Für die Erbsen**

grüner Teil von 1 Stange Lauch

Salz

100 g grüne TK-Erbsen

Pfeffer aus der Mühle

Olivenöl

**Für das Minzöl**

200 ml Olivenöl

2 Stängel Minze · Salz

**Zum Garnieren**

kleine Minzeblätter

1. Für die Suppe die Kartoffeln schälen. Den Lauch putzen und waschen, den weißen und den grünen Teil auseinanderschneiden, den grünen Teil für die Erbsen beiseitelegen. Den weißen Teil vom Lauch und die Kartoffeln in Würfel schneiden. In einem Topf das Öl erhitzen und das Gemüse darin anschwitzen, dann mit der Gemüsebrühe ablöschen. Lorbeer und Liebstöckel einlegen, das Gemüse weich kochen. Mit Salz, Cayennepfeffer und Muskat würzen.

2. Einen Teil der Kartoffelwürfel aus der Suppe nehmen und für die Einlage beiseitestellen. Die übrige Suppe pürieren, durch ein Sieb passieren und etwa 5 Stunden kalt stellen.

3. Für die Erbsen das Grüne vom Lauch in feine Streifen schneiden. In kochendem Salzwasser blanchieren, danach in Eiswasser (→ S. 37) abschrecken. Die Erbsen aus dem Tiefkühlfach nehmen, mit den Lauchstreifen in eine Schüssel geben und mit Salz, Pfeffer und Olivenöl marinieren; dabei die Erbsen antauen lassen.

4. Für das Minzöl das Olivenöl in einen Standmixer geben. Die Minze waschen und trocken schütteln, die Blätter von den Stängeln zupfen. 4 schöne Blätter beiseitelegen, die übrigen mit 1 Prise Salz zum Olivenöl geben und kräftig mixen. Minzöl durch ein Sieb streichen und in ein Behältnis abfüllen.

5. In die Suppe Sahne und Zitronensaft einrühren. Mit einem Stabmixer gut durchpürieren. Bei Bedarf noch einmal abschmecken. Die Suppe in tiefe Teller schöpfen, Erbsen und Kartoffelwürfel gleichmäßig darauf verteilen, den Lauch locker darüberstreuen. Die Suppe mithilfe eines Löffels mit einigen Tropfen Minzöl beträufeln und mit den beiseitegelegten Minzeblättern garnieren.

## STICHWORT: EISWASSER

*Eiswasser besteht zur Hälfte aus sehr kaltem Wasser und zur Hälfte aus Eiswürfeln. Wenn Sie blanchiertes grünes Gemüse zum Abschrecken hineintauchen, bleibt die Farbe vollständig erhalten. Man kann auch Mischungen, die schonend gekühlt werden sollen, in einer Schüssel, die in einem solchen Eiswasserbad steht, „kaltrühren", bis sie die gewünschte Temperatur erreicht haben* (→ S. 143).

INSPIRATION VIETNAM

# BAYERISCHE PHO BO

## MIT RADI & EIERNUDELN

### FÜR 4–6 PERSONEN

**Für den Fond**

2 Karotten

½ Knolle Sellerie

1 Frühlingszwiebel

1 Zwiebel

2 Stängel Petersilie

1 Spickzwiebel (mit 1 Lorbeerblatt und 4 Nelken; → S. 24)

Salz • 5 Pfefferkörner

1,5 kg Beinfleisch vom Rind mit Knochen (4 Rippen)

1 kg Markknochen vom Rind

**Für die Suppeneinlage**

1 Frühlingszwiebel (nur der grüne Teil)

1 Karotte

1 Petersilienwurzel

1 kleiner Radi (Rettich)

1 Chilischote

200 g bayerische Eiernudeln

Salz • 1 Bund Liebstöckel

Saft von 1 Limette

1. Für den Fond Karotten und Sellerie schälen, Frühlingszwiebel waschen und putzen. Die Zwiebel ungeschält halbieren. Eine Pfanne ohne Fett bei mittlerer Hitze heiß werden lassen. Die Zwiebelhälften mit den Schnittflächen nach unten hineinsetzen und die Schnittflächen braun rösten. Aus der Frühlingszwiebel und den Petersilienstängeln ein Bouquet garni (Kräutersträußchen) binden.

2. Alle Zutaten für den Fond in einen großen Topf mit 2,5 l Wasser geben, dieses zum Kochen bringen. Etwa 3 Stunden bei schwacher Hitze köcheln lassen; immer wieder abschäumen, d. h. den Schaum mit einer Schaumkelle entfernen.

3. Inzwischen für die Suppeneinlage den grünen Teil von 1 Frühlingszwiebel waschen und putzen, in Röllchen schneiden. (Den weißen Teil anderweitig verwenden.) Die Karotte und die Petersilienwurzel schälen und in feine Streifen schneiden. Den Radi putzen, waschen und in etwa 1 cm dicke Scheiben schneiden. Die Chilischote waschen, von Stiel, Kernen und Häuten befreien und hacken. Den fertigen Fond von der Hitze nehmen. Das Fleisch herausnehmen und beiseitelegen, den Fond abseihen, Aromazutaten aus dem Sieb entsorgen.

4. Die Eiernudeln in Salzwasser bissfest kochen. Das Beinfleisch in einzelne Stücke mit je 1 Rippe schneiden. Den Fond aufkochen und das Fleisch mit den Rippen einlegen. Radischeiben, Petersilienwurzel- und Karottenstreifen dazugeben und etwa 10 Minuten köcheln lassen. Die bissfesten Eiernudeln ebenfalls zum Fond geben, die Frühlingszwiebelröllchen einlegen und noch einmal 2–3 Minuten köcheln lassen.

5. Den Fond mit dem Fleisch, Nudeln und Gemüse auf vier Suppenschalen verteilen. Liebstöckel zerzupfen und über die Suppe geben. Gehackte Chilischote und Limettensaft zum Abschmecken dazureichen.

# HIRSCHROASTBEEF

## MIT LINSENVINAIGRETTE & PREISELBEEREN

### FÜR 4 PERSONEN

**Für das Hirschroastbeef**

600 g schierer Hirschkalbsrücken (ohne Fett und Sehnen)
Salz • Pfeffer aus der Mühle
Öl zum Anbraten
1 Zweig Rosmarin
1 angeknackste ungeschälte Knoblauchzehe (→ Tipp)
10 Wacholderbeeren
1 EL kalte Butter
½ TL Wildgewürz (→ S. 16)
2 EL Schnittlauchröllchen
4 EL Preiselbeeren (→ S. 16)

**Für die Linsenvinaigrette**

1 Schalotte
je 20 g Karotte, Lauch und Knollensellerie
100 g Berglinsen • 50 g Butter
1 EL Tomatenmark
1 EL Zucker
500 ml Gemüsebrühe
1 Lorbeerblatt
1 angeknackste ungeschälte Knoblauchzehe (→ Tipp)
1 Msp. Dijon-Senf
2–3 EL Flüssigkeit von Essiggurken (alternativ Weinessig)

1. Den Backofen auf 130 °C (Umluft) vorheizen.

2. Für das Hirschroastbeef den Hirschkalbsrücken mit Salz und Pfeffer würzen. In einer Pfanne das Öl erhitzen und den Rücken bei mittlerer Hitze auf allen Seiten mit Farbe anbraten. Rosmarin, angeknackste Knoblauchzehe und Wacholderbeeren dazugeben. Die kalte Butter in die Pfanne geben und aufschäumen (→ S. 34). Fleisch unter ständigem Wenden mit der Butter und den Gewürzen marinieren. Wildgewürz einstreuen. Das Fleisch aus der Pfanne nehmen.

3. Den Hirschkalbsrücken im heißen Backofen (Mitte) auf dem Rost 20 Minuten garen. Aus dem Ofen nehmen und bei Zimmertemperatur auskühlen lassen.

4. Für die Linsenvinaigrette die Schalotte schälen und ebenso wie die Karotte, den Lauch und den Sellerie in ½ cm große Würfel schneiden. Die Linsen waschen und abtropfen lassen.

5. In einem Topf 20 g Butter erhitzen, Schalotte und Linsen hineingeben, die Schalotten glasig dünsten. Karotte, Sellerie und Tomatenmark hinzugeben und ebenfalls mitdünsten. Mit Zucker bestreuen, karamellisieren und mit der Gemüsebrühe aufgießen. Sprudelnd aufkochen, dann bei schwacher Hitze in etwa 40 Minuten weich kochen, bis die Flüssigkeit fast verdampft ist. Kurz vor Ende der Garzeit den Lauch, Lorbeerblatt und angeknackste Knoblauchzehe dazugeben. Die übrige Butter zugeben und einrühren. Mit Senf und Essiggurkenwasser bzw. Weinessig abrunden.

6. Das Hirschroastbeef mit einem scharfen Messer in dünne Scheiben schneiden und auf flachen Tellern anrichten. Mit Pfeffer übermahlen. Mit der Linsenvinaigrette marinieren. Mit Schnittlauchröllchen und Preiselbeeren garniert servieren.

## BACHMEIERS TIPP

*Für eine ganz dezente Knoblauchnote verwende ich gern eine* ***„angeknackste Knoblauchzehe":*** *Dafür schlage ich mit der flachen Hand auf eine ungeschälte Knoblauchzehe, sodass die Schale aufplatzt und der Knoblauch sein Aroma abgibt. Sie können den Knoblauch auch mit einem Messerrücken andrücken.*

# FRITTIERTE HENDLBRUST

## IM KARTOFFELTEIG MIT HONIG-TOMATEN-DIP

### FÜR 4 PERSONEN

**Für die frittierte Hendlbrust**

600 g Hähnchenbrustfilet (ohne Haut)

Salz • Pfeffer aus der Mühle

1 Ei (Größe M)

1 EL Sauerrahm

1 TL Honig

1 TL Meerrettich (aus dem Glas oder frisch gerieben)

1 TL scharfes Paprikapulver (Rosenpaprika)

1 EL Pflanzenöl

5 EL Kartoffelmehl

1 l Pflanzenöl zum Frittieren

1 Bio-Zitrone, zum Servieren

**Für den scharfen Honig-Tomaten-Dip**

→ Rezept S. 20

1. Die Hendlbrust in etwa 4 cm große Stücke schneiden, mit Salz und Pfeffer würzen. Das Ei verquirlen. Das Fleisch zusammen mit dem Ei, Sauerrahm, Honig, Meerrettich, Paprikapulver und Pflanzenöl in eine passende Schale geben. Alles gut mit dem Kartoffelmehl vermengen und das Fleisch etwa 20 Minuten marinieren.
2. Das Öl zum Frittieren in einem hohen Topf auf etwa 170 °C erhitzen (Kochlöffeltest → S. 144). Die Hendlstücke in der Marinade noch einmal kräftig durchrühren, dann im heißen Öl frittieren.
3. Den scharfen Honig-Tomaten-Dip zubereiten, wie auf → S. 20 beschrieben.Die Zitrone in Achtel schneiden.
4. Die frittierte Hendlbrust auf vier Tellern mit den Zitronenspalten und dem scharfen Honig-Tomaten-Dip anrichten.

### STICHWORT: SCHWARZBROT

*Was man unter „Schwarzbrot“ versteht, ist nicht klar festgelegt und unterscheidet sich oft regional. In Bayern kann damit vom Roggenmischbrot zum Graubrot oder Vollkornbrot jedes dunklere Brot gemeint sein, das kein Weißbrot ist.*

# KICHERERBSEN-DIP

## MIT ROTER BETE, GRANATAPFEL & FETA

**FÜR 6 PERSONEN**

**Für den Kichererbsen-Dip (Hummus)**

500 g Kichererbsen
2 Rote Beten
100 ml eiskaltes Wasser
Saft von 1 Zitrone
Salz • Kreuzkümmel
120 g Tahin (selbst gemacht oder aus dem Glas)

**Für ca. 500 g Tahin (Sesammus; auf Vorrat)**

500 g geschälter weißer Sesam
30 ml Pflanzenöl
30ml Sesamöl • 1 Prise Salz

**Für die Schwarzbrot-Chips**

4 dünne Scheiben dunkles Bauernbrot (→ Stichwort)
2 EL Olivenöl
1 angeknackste ungeschälte Knoblauchzehe (→ S. 41)
1 Zweig Rosmarin
Meersalz
Pfeffer aus der Mühle

**Zum Servieren**

1 Granatapfel • 100 g Feta
2 kleine Bund Rucola
Olivenöl

1. Am Vortag die Kichererbsen mit der doppelten Menge Wasser übergießen und über Nacht (mindestens 12 Stunden) einweichen. Am nächsten Tag das Einweichwasser abgießen, die Kichererbsen abtropfen lassen.
2. Die Rote Bete schälen und grob raspeln. Zusammen mit den Kichererbsen in einen Topf geben, mit Wasser bedecken und beides in 25–30 Minuten weich kochen.
3. Inzwischen gegebenenfalls für das Tahin alle Zutaten in einem leistungsfähigen Standmixer cremig pürieren. 120 g Tahin abmessen und beiseitestellen, den Rest in ein Schraubglas füllen und anderweitig verwenden. Im Kühlschrank hält sich Tahin mehrere Monate.
4. Wenn die Kichererbsen weich sind, 50 ml vom Kochwasser abnehmen, den Rest abgießen. Das Kochwasser mit 120 g Tahin, dem eiskalten Wasser, dem Zitronensaft, ½ TL Salz und ½ TL Kreuzkümmel in den Standmixer geben. Auf hoher Stufe pürieren. Kichererbsen dazugeben und cremig glatt pürieren. Beiseitestellen.
5. Für die Chips das Schwarzbrot in etwa 5 cm große Fleckerl reißen. In einer beschichteten Pfanne das Olivenöl erhitzen, Knoblauchzehe und Rosmarin darin schwenken. Das Schwarzbrot in der Pfanne von beiden Seiten kross anbraten, mit Meersalz und Pfeffer würzen. Chips aus der Pfanne nehmen und auf Küchenpapier abtropfen lassen.
6. Den Granatapfel zuerst auf einem festen Untergrund rollen, um die Kerne etwas zu lösen. Mit einem scharfen Messer halbieren und über einer Schüssel vorsichtig die Kerne herauslösen.
7. Den Hummus auf vier Teller streichen, den Feta gleichmäßig darüberbröseln. Die Schwarzbrot-Chips in den Hummus stecken. Alles mit den Granatapfelkernen garnieren und den Rucola locker über den Hummus verteilen. Nach Geschmack mit Olivenöl beträufeln.

INSPIRATION FRANKREICH

# SAURE FORELLE

## MIT FENCHEL, SELLERIE & BRUNNENKRESSE

### FÜR 4 PERSONEN

4 Forellenfilets (entgrätet und ohne Haut)

Meersalz zum Würzen

**Für den Essigsud**

1 rote Zwiebel

1 Fenchelknolle

3 Stangen Staudensellerie (mit Blättern)

2 TL Salz

150 ml Weißweinessig

100 ml Traubensaft

3 Lorbeerblätter

½ TL Fenchelsamen

**Zum Servieren**

12 kernlose Weintrauben

50 g Brunnenkresse

Blätter vom Staudensellerie

Traubenkernöl

1. Idealerweise am Vorabend für den Essigsud die Zwiebel schälen und in Streifen schneiden. Den Fenchel waschen, putzen und halbieren, dann vierteln und den Strunk herausschneiden. Den Fenchel in feine Scheiben schneiden. Den Sellerie waschen und putzen; die Blätter zum Servieren beiseitelegen. Die Selleriestangen schräg in etwa 1 cm breite Stücke schneiden.
2. In einem Topf 200 ml Wasser mit dem Salz, dem Essig, dem Traubensaft sowie Lorbeerblättern und Fenchelsamen aufkochen. Zwiebel, Fenchel und Selleriestücke einlegen, den Topf von der Hitze nehmen und abkühlen lassen; das Gemüse darin ziehen lassen.
3. Die Forellenfilets in eine flache Form legen. Den Sud darübergeben, die Filets mit Gemüse bedecken. Mindestens 5–6 Stunden marinieren, am besten über Nacht.
4. Die Filets aus dem Sud nehmen, kurz abtupfen und in tiefe Teller legen, je etwa 2 EL von dem Sud über die Forellen träufeln. Bei Bedarf mit Meersalz würzen. Gemüse aus dem Sud nehmen und zusammen mit den Forellenfilets anrichten.
5. Zum Servieren die Trauben waschen und halbieren, die Brunnenkresse zerzupfen. Die Teller mit den Trauben, den Blättern vom Staudensellerie und der Brunnenkresse garnieren. Mit Traubenkernöl beträufeln.

INSPIRATION SÜDAMERIKA

# CEVICHE

## VON DER LACHSFORELLE

**FÜR 4 PERSONEN**

2 Filets von der frischen Lachsforelle (alternativ Saibling oder Seeforelle)

2 Bio-Limetten

½ TL fein geriebener frischer Ingwer

1 rote Chilischote

2 Radieserl

1 Stängel Koriandergrün

2 EL Olivenöl

Reisessig • Salz

schwarzer Pfeffer aus der Mühle

**Für das Gemüse**

1 Stange Staudensellerie und/oder 1 Fenchelknolle

1 rote Zwiebel

½ Salatgurke

Salz

**Für die Avocadocreme**

1 Avocado

Salz • Pfeffer aus der Mühle

1. Die Fischfilets entgräten, von der Haut ziehen und in ½ cm große Würfel schneiden. Die Limetten lauwarm abwaschen und abtrocknen. Zuerst die Schale fein abreiben und beiseitestellen. Anschließend beide Limetten separat auspressen, mit dem Saft von 1 Limette den Fisch säuern, mit dem Ingwer und der Limettenschale den Fisch marinieren. Den übrigen Limettensaft für die Avocadocreme beiseitestellen.

2. Die Chilischote unter lauwarmem Wasser abspülen, vom Stiel befreien, grob hacken und zum Fisch geben (wer es nicht so scharf mag, halbiert die Chilischote und kratzt die Kerne aus). Die Radieserl waschen, putzen und in Scheiben schneiden. Das Koriandergrün waschen und trocken tupfen, die Blätter abzupfen.

3. Für die Avocadocreme die Avocado halbieren, entkernen und aus der Schale lösen. Das Avocadofruchtfleisch grob zerkleinern, mit dem übrigen Limettensaft vermengen, mit Salz und Pfeffer würzen und in einem Mixer fein pürieren.

4. Für das Gemüse Sellerie und/oder Fenchel waschen und putzen, in ½ cm große Würfel schneiden. Die Zwiebel schälen, halbieren und in Streifen schneiden. Die Gurke schälen, der Länge nach vierteln, die Kerne entfernen und die Gurke in ½ cm große Würfel schneiden.

5. In einem Topf Salzwasser zum Kochen bringen. Sellerie und/oder Fenchel, Zwiebel und Gurke nacheinander darin bissfest blanchieren und dann kurz in Eiswasser (→ S. 37) abschrecken. Das Gemüse mit dem Fisch vermengen, mit Olivenöl, Reisessig, Salz und schwarzem Pfeffer abschmecken.

6. Die Avocadocreme in kleinen Nocken auf vier Tellern anrichten. Die Ceviche dazugeben, mit Radieserl und Korianderblättern garnieren.

### STICHWORT: FISCH SÄUERN

*Damit Fisch beim Garen weiß und fest bleibt, wird er vor der Zubereitung gesäuert, das heißt, er wird mit Zitronen- oder Limettensaft beträufelt. Dadurch gerinnt das Fischeiweiß – es wird fester –, was auch den typischen Fischgeruch abmildert. Und schließlich passt das säuerliche Aroma auch wunderbar als Würze zum Fisch.*

INSPIRATION SÜDTIROL

# ZWEIERLEI SPARGEL

## MIT BOZENER SAUCE

### FÜR 4 PERSONEN

16 Stangen (möglichst regionaler) weißer Spargel
12 Stangen (möglichst regionaler) grüner Spargel
frisch gepresster Saft von 1 Zitrone
Zucker
Salz
Blattkräuter der Saison (z. B. Blutampfer, Brunnenkresse, Kerbel; → S. 50)

**Für die Bozener Sauce**

2 Schalotten
4 Eier (Größe M)
1 gestrichener EL Senf
6 EL Olivenöl
100 ml Spargelsud
2 EL Condimento balsamico bianco
2 EL Schnittlauchröllchen
Salz • Pfeffer aus der Mühle

1. Den weißen Spargel gründlich schälen, vom grünen Spargel nur das untere Drittel schälen; die holzigen Enden abbrechen. In einem breiten Topf reichlich Wasser zum Kochen bringen, dann kräftig mit Zitrone, Zucker und Salz abschmecken.

2. Den weißen Spargel in das Wasser einlegen, 2–3 Minuten sprudelnd kochen, dann den Topf von der Hitze nehmen und den Spargel darin 20–25 Minuten ziehen lassen, bis er gar ist. Herausnehmen und warm stellen. Die Hälfte des Spargelsuds in einen weiteren Topf geben und aufkochen. Den grünen Spargel darin in etwa 5 Minuten bissfest kochen. Herausnehmen und kurz in Eiswasser (→ S. 37) abschrecken. 100 ml Spargelsud abmessen und beiseitestellen.

3. Für die Bozener Sauce die Schalotten schälen und in feine Würfel schneiden. In kochendem Wasser kurz blanchieren, mit kaltem Wasser abspülen und in eine Schüssel geben. Die Eier in 6–8 Minuten hart kochen, kalt abschrecken und schälen. Das Eigelb vom Eiweiß lösen, Eiweiß hacken und zu den Schalotten geben.

4. Eigelb mit den Fingern fein in eine andere Schüssel bröseln, mit Senf, Olivenöl, Spargelsud und weißem Balsamico vermengen. Über die Schalotten-Eier-Mischung gießen. Schnittlauch einstreuen und gut verrühren, sodass eine homogene Sauce entsteht. Mit Salz und Pfeffer würzen.

5. Den Spargel auf vier Tellern anrichten und mit der Bozener Sauce marinieren. Mit den Blattkräutern garnieren.

### BACHMEIERS TIPP

*Das Ende von **weißem Spargel** breche ich nach dem Schälen ab – er bricht nämlich genau an der Stelle, wo er holzig zu werden beginnt. Zarter **grüner Spargel** braucht nur im unteren Drittel geschält zu werden, das Ende kann abgeschnitten werden.*

# KRÄUTERPALATSCHINKEN

## MIT FRISCHKÄSE

**FÜR 4 PERSONEN**
**(ergibt 4 Stück)**

**Für den Teig**

5 Eier (Größe M)
100 g Sahne
Salz
frisch geriebene Muskatnuss
1 EL Schnittlauchröllchen

**Für die Füllung**

150 g verschiedene Blattkräuter der Saison (z. B. Petersilie, Brunnenkresse, Sauerampfer, Spinat, Bärlauch, Kerbel, Basilikum …)
200 g Frischkäse
2 Eigelb (Größe M)
Salz
Pfeffer
Cayennepfeffer
Butter für die Form

**Zum Servieren**

Blattkräuter der Saison
Olivenöl
milder Weißweinessig

1. Die Eier mit der Sahne glatt rühren, mit Salz und Muskat würzen. Die Schnittlauchröllchen einrühren.
2. Eine beschichtete Pfanne (ca. 24 cm Ø) erhitzen, ein Viertel des Teigs hineingießen. Die Masse in der ganzen Pfanne verlaufen und stocken lassen, wenden und den Pfannkuchen dünn ausbacken. Herausnehmen und auf einem flachen Teller auskühlen lassen. Mit dem übrigen Teig auf die gleiche Weise 3 weitere Pfannkuchen backen.
3. Für die Füllung die Blattkräuter waschen, trocken schütteln und fein hacken. Den Frischkäse mit den Eigelben verrühren und mit Salz, Pfeffer und Cayennepfeffer würzen. Die Kräuter unterrühren.
4. Den Backofen auf 160 °C (Umluft) vorheizen. Jeweils ein Viertel der Füllung in das untere Drittel der Palatschinken geben. Links und rechts einschlagen, dann einrollen.
5. Eine Backform mit Butter einfetten, die Palatschinken in einer Schicht mit dem Abschluss nach unten hineinlegen und im heißen Backofen (Mitte) etwa 20 Minuten backen.
6. Zum Servieren die Blattkräuter waschen und trocken schütteln, mit Öl und Essig marinieren. Die Palatschinken aus der Form nehmen, auf Tellern anrichten und mit den Salaten garnieren.

### BACHMEIERS TIPP

*Als Garnitur und für zusätzliche Aromanoten verwende ich gern* ***Blattkräuter*** *– auch solche, die man hier eher als Salat kennt. Dazu gehören zum Beispiel junger Spinat, Portulak, Blutampfer und Sauerampfer.*

# OBAZDA VOM FRISCHKÄSE

## MIT RADI & BROTBRÖSELN

### FÜR 4 PERSONEN

**Für den Obazdn**

150 g Frischkäse
50 g Sauerrahm
200 ml Milch
1 Stamperl dunkles Bier
1 gestrichener TL edelsüßes Paprikapulver
1 gestrichener TL rosenscharfes Paprikapulver
1 Prise gemahlener Kümmel
abgeriebene Schale von ½ Bio-Zitrone
Salz • Pfeffer aus der Mühle
50 g Sahne

**Für die Brotbrösel**

2 kleine Laugensemmeln vom Vortag

**Für den Radi**

1 Radi (Rettich)
Salz • Zucker
1 EL milder Weißweinessig
1 TL Pflanzenöl

**Zum Garnieren**

1 Radieserl
Schnittlauchröllchen

1. Für den Obazdn alle Zutaten außer der Sahne miteinander kräftig verrühren. Mit Salz und Pfeffer würzen. Die Sahne unterrühren und die Mischung durch ein Sieb streichen.
2. Die Masse in einen Sahnespender (500 ml Fassungsvermögen) mit Patrone füllen. Kräftig schütteln und etwa 2 Stunden in den Kühlschrank stellen.
3. Für die Brotbrösel die Laugensemmerl in einem Mixer grob mahlen. Eine beschichtete Pfanne erhitzen und die Brösel darin ohne Fett anrösten. In eine Schüssel geben und auskühlen lassen.
4. Den Radi mit einem Sparschäler schälen, dann ebenfalls mit dem Sparschäler in dünne Scheiben schneiden. Kräftig mit Salz würzen und leicht mit Zucker bestreuen. Mit dem Weinessig marinieren und zum Schluss das Pflanzenöl darübergeben.
5. Den Radi in einer tiefen Schale ausbreiten, den Obazdn aus dem Sahnespender auf den Radi spritzen. Mit den Laugenbröseln bestreuen. Die Radieserl waschen und abtrocknen, über den Obazdn hobeln und das Ganze mit Schnittlauch garnieren.

# BAYERISCHE FRÜHLINGSROLLE

## MIT GRÜNEM ZIEGENFRISCHKÄSE-DIP

**FÜR 4 PERSONEN**
**(ergibt 8 Stück)**

**Für die Frühlingsrollen**

8 Stangen grüner Spargel
2 Schalotten • 2 Radieserl
4 Champignons
4 Blätter vom jungen Spitzkraut (alternativ Weißkraut)
1 Stängel Estragon
20 g Butter
80 g Suppen-Eiernudeln, vorgegart
Salz • Pfeffer aus der Mühle
Cayennepfeffer
1 Ei (Größe M)
2 Blätter Strudelteig
1 l Öl zum Frittieren

**Für den grünen Ziegenfrischkäse-Dip**

150 g verschiedene Blattkräuter der Saison (z. B. Sauerampfer, Bärlauch, Petersilie, Kerbel, Basilikum …)
50 g Spinat • Salz
200 g Ziegenfrischkäse
100 ml Olivenöl

1. Für die Frühlingsrollen den Spargel im unteren Drittel schälen, Enden entfernen. Die Stangen in etwa 1 cm große Stücke schneiden. Schalotten schälen und in Streifen schneiden. Radieserl waschen, putzen und in Stifte schneiden. Champignons ebenfalls in Stifte schneiden. Vom Spitzkraut die dicke mittlere Rippe herausschneiden, die Blätter in feine Streifen schneiden. Estragonblätter abzupfen und grob hacken.

2. In einer Pfanne die Butter aufschäumen (→ S. 34). Zuerst das Spitzkraut, dann die Schalotten zugeben und durchschwenken. Den Spargel zugeben, alles farblos anschwitzen. Wenn das Gemüse bissfest gegart ist, Champignon- und Radieserlstifte hinzufügen. Eiernudeln ebenfalls zum Gemüse geben, alles gut durchschwenken. Die Pfanne von der Hitze nehmen. Mit Salz, Pfeffer und Cayennepfeffer würzen, den Estragon dazugeben. Das Ei trennen, das Eigelb unter das Gemüse ziehen.

3. Jedes Strudelteigblatt in 4 Rechtecke schneiden. Das Eiweiß mit etwas Wasser verrühren, die Rechtecke jeweils im oberen Drittel der kurzen Seite damit bestreichen. Das Gemüse so auf die Strudelteigblätter verteilen, dass auf allen Seiten jeweils 2 cm frei bleiben. Die beiden längeren Seiten nach innen klappen. Von der unbestrichenen kurzen Seite her die Strudelblätter einrollen.

4. In einem hohen Topf das Frittieröl auf etwa 170 °C erhitzen (Kochlöffeltest → S. 144). Im heißen Öl die Frühlingsrollen nacheinander knusprig frittieren, herausnehmen und auf Küchenpapier abtropfen lassen. Warm stellen.

5. Für den Frischkäse-Dip alle Kräuter und den Spinat in sprudelndem Salzwasser blanchieren und in Eiswasser (→ S. 37) abschrecken. Gut ausdrücken. Mit dem Ziegenfrischkäse in einen Standmixer geben. Das Olivenöl einlaufen lassen und die Kräuter ganz fein pürieren.

6. Die Frühlingsrollen auf vier Tellern anrichten, den Dip dazu servieren.

# VON STALL & WEIDE

# HOCHRIPPE VOM GRILL

## MIT SPARGEL & NUSSBUTTER-HOLLANDAISE

**FÜR 2 PERSONEN**

700 g Hochrippe vom Rind (beste Qualität)
Meersalz
Pfeffer aus der Mühle

**Für das Kräuteröl**

30 g Butter
1 EL Olivenöl
1 Zweig Rosmarin
1 Zweig Thymian
1 Knoblauchzehe

**Für den Spargel**

12 Stangen (möglichst regionaler) grüner Spargel
1 EL Olivenöl
Meersalz
abgeriebene Schale von ½ Bio-Zitrone

**Für die Nussbutter-Hollandaise**

→ Rezept S. 21

1. Für die Hochrippe den Grill auf 250 °C erhitzen. Das Fleisch auf beiden Seiten scharf anbraten, sodass ein Muster auf der Oberfläche entsteht. Das Fleisch herausnehmen, die Temperatur des Grills auf 130 °C reduzieren (bzw. im Holzkohlegrill einen Schamottstein einlegen → Stichwort).
2. Für das Kräuteröl in einem kleinen Topf die Butter mit dem Olivenöl, dem Rosmarin- und dem Thymianzweig sowie der Knoblauchzehe vermengen. Den Topf auf den etwas abgekühlten Grill stellen, erwärmen.
3. Für den Spargel die Spargelstangen am unteren Drittel schälen und die Enden abschneiden. In eine Schüssel geben und mit Olivenöl, 1 Prise Meersalz sowie dem Zitronenabrieb marinieren.
4. Die Hochrippe erneut etwa 50 Minuten auf den Grill legen und den Grill verschließen. Das Fleisch ab und zu wenden und mit einem Pinsel das Kräuteröl daraufstreichen. Nach 30 Minuten den grünen Spargel roh mit auf den Grill legen, ebenfalls gelegentlich wenden und mit dem Kräuteröl bestreichen.
5. Die Nussbutter-Hollandaise zubereiten, wie auf → S. 21 beschrieben.
6. Das gegarte Fleisch herausnehmen und neben dem Grill etwa 5 Minuten ruhen lassen. Den Spargel auf zwei Tellern anrichten. Das Fleisch in längliche, etwa ½ cm dicke Tranchen schneiden und mit Salz und Pfeffer würzen. Die Nussbutter-Hollandaise dazu servieren.

### STICHWORT: SCHAMOTTSTEIN

*Ein Schamottstein dient als „Puffer" im Holzkohlegrill, um die direkte Hitze zu unterbrechen bzw. die Hitze abzumildern. Man bekommt ihn beispielsweise im Baumarkt.*

# SZEGEDINER GULASCH

## MIT SALZKARTOFFELN

**FÜR 6–8 PERSONEN**

250 g Zwiebeln
400 g Schweineschulter (ohne Knochen)
400 g Rinderwade
40 g Schweineschmalz
2 EL süßes Paprikapulver
1 EL Tomatenmark
500 ml Geflügelbrühe
½ Bund Petersilie
2 Stängel Liebstöckel
800 g festkochende Kartoffeln
Salz
½ rote Paprikaschote
800 g Sauerkraut
150 g Crème fraîche

**Für das Gulaschgewürz**

2 geschälte Knoblauchzehen
Salz
etwas hauchdünn abgeriebene Bio-Zitronenschale
1 TL Kümmel

1. Die Zwiebeln schälen und in Ringe schneiden, das Fleisch in etwa 4 cm große Stücke schneiden. Die Zutaten für das Gulaschgewürz in einem Mörser fein zermahlen.

2. In einem Schmortopf das Schweineschmalz erhitzen. Die Zwiebeln darin anbraten, dann an den Rand schieben und in der Mitte des Topfs das Fleisch anbraten. Das Paprikapulver über die Zwiebeln streuen und das Tomatenmark zum Fleisch geben. Unter ständigem Wenden beides ein wenig anrösten. 1 EL Gulaschgewürz hinzufügen und das Ganze mit Brühe auffüllen. Petersilie und Liebstöckel dazugeben. Mindestens 1 Stunde (kann auch länger dauern) mit leicht geöffnetem Deckel simmern lassen, bis das Fleisch gar ist. Für die Paprikaschote den Backofengrill vorheizen.

3. Inzwischen die Kartoffeln schälen und in einem Topf mit kaltem Wasser bedecken. Salzen, zum Kochen bringen und in 40 Minuten sprudelnd gar kochen. Abgießen und die Kartoffeln warm stellen.

4. Die Paprikaschote unter dem Grill rösten, bis die Haut Blasen wirft und das Fruchtfleisch weich ist. Haut abziehen, das Fruchtfleisch pürieren und zum Gulasch geben.

5. 30 Minuten vor Ende der Garzeit das Sauerkraut ebenfalls zum Gulasch zugeben. Zum Schluss das Paprikapüree einrühren und das Gulasch mit der Crème fraîche verfeinern. Mit den Salzkartoffeln auf tiefe Teller verteilen und servieren.

# KALBSLEBER

## MIT KARTOFFEL-APRIKOSEN-GRÖSTL

### FÜR 4 PERSONEN

16 kleine Kartoffeln (Grenaille bzw. Drillinge)
Salz
2 Stängel Petersilie
½ TL Kümmel
200 g bunter junger Mangold
4 Aprikosen
400 g Kalbsleber
1 EL Butter
1 EL Pflanzenöl
1 EL Mehl
2 Zweige Majoran
Pfeffer aus der Mühle
abgeriebene Schale und etwas Saft von 1 Bio-Zitrone
Olivenöl

1. Die Kartoffeln waschen und in einen Kochtopf geben. Mit Wasser bedecken, Salz, Petersilie und Kümmel zugeben. Zum Kochen bringen, die Kartoffeln weich garen, herausnehmen, schälen und halbieren.

2. Den Mangold waschen und quer in etwa 3 cm breite Streifen schneiden. In Salzwasser bissfest kochen und in Eiswasser (→ S. 37) abschrecken. Die Aprikosen waschen, halbieren, entsteinen und in etwa 1 cm breite Spalten schneiden.

3. Für das Gröstl von der Kalbsleber gegebenenfalls Häute und Blutgefäße entfernen. Die Leber erst in Scheiben, dann in etwa 1 cm dicke Streifen schneiden. Butter mit Öl in einer Pfanne aufschäumen (→ S. 34). Die Kalbsleber mit dem Mehl bestäuben und in der Butter anbraten. 1 Majoranzweig zugeben und die Leber gut mit Salz und Pfeffer würzen. Aus der Pfanne auf einen Teller heben und warm stellen.

4. Die Kartoffeln in derselben Pfanne anbraten, Mangold und Aprikosen dazugeben und durchschwenken. Die Leber wieder in die Pfanne geben, die Blätter vom zweiten Majoranzweig abzupfen und über das Gröstl streuen. Das Gröstl wieder gut durchschwenken, Zitronenabrieb dazugeben und mit etwas Zitronensaft säuern. Bei Bedarf noch einmal mit Salz und Pfeffer abschmecken.

5. Die Kalbsleber mit dem Gröstl auf vier Tellern anrichten. Ein paar Tropfen Olivenöl darübergeben.

# GEBACKENES KALBSBRIES

## MIT KARTOFFEL-OLIVEN-SALAT

**FÜR 4 PERSONEN**

600 g Kalbsbries
1 Spickzwiebel (mit 1 Lorbeerblatt, 4 Nelken; → S. 24)
5 Wacholderbeeren
300 g Butterschmalz
100 g Mehl
3 Eier (Größe M)
200 g Semmelbrösel

**Für den Kartoffel-Oliven-Salat**

250 g vorwiegend festkochende Kartoffeln
Salz · 1 Schalotte
3 EL Olivenöl
1 EL Weißweinessig
Zucker
2 EL schwarze Oliven
½ TL gehackter Liebstöckel

**Für die Meerrettich-Mayonnaise**

3 EL Mayonnaise (selbst gemacht → S. 106 oder gekauft)
1 EL Meerrettich (aus dem Glas)
etwas frisch gepresster Zitronensaft

1. Das Kalbsbries 1 Stunde in kaltes Wasser einlegen. Für den Salat die Kartoffeln schälen und in etwa ½ cm große Würfel schneiden. In einen Topf geben, leicht salzen und mit Wasser bedecken. Zum Kochen bringen und die Kartoffeln in 20 Minuten bissfest kochen. Abgießen, das Wasser auffangen, 200 ml davon abmessen und beiseitestellen.
2. Die Schalotte schälen und in Streifen schneiden. In einem Topf in wenig Olivenöl anbraten, mit den 200 ml Kartoffelkochwasser ablöschen. Kartoffelwürfel dazugeben und mit Weißweinessig, Zucker, Salz und Olivenöl abschmecken. Oliven gegebenenfalls entsteinen und zum Salat geben. Liebstöckel darüberstreuen.
3. Für die Meerrettich-Mayonnaise die Mayonnaise mit dem Meerrettich glatt rühren und mit etwas Zitronensaft abschmecken.
4. Das Bries aus dem Wasser nehmen und zusammen mit der Spickzwiebel und den Wacholderbeeren in einen Topf geben. Mit frischem kaltem Wasser auffüllen und aufkochen, dann die Hitze reduzieren und das Bries etwa 20 Minuten simmern lassen; den Schaum abschöpfen.
5. Das Bries herausnehmen und in Eiswasser (→ S. 37) abschrecken. Bindegewebe und Fett entfernen, das Bries in etwa 50 g schwere Stücke schneiden. In einer Pfanne das Butterschmalz zerlassen. Für die Panade auf drei flachen Tellern separat das Mehl, die verquirlten Eier und die Semmelbrösel verteilen. Das Fleisch nacheinander im Mehl, dann im Ei und zuletzt in den Bröseln wälzen. 6–8 Minuten im Butterschmalz backen.
6. Den Kartoffel-Oliven-Salat auf tiefe Tellern verteilen. Das Kalbsbries auf dem Salat anrichten und die Meerrettich-Mayonnaise separat dazu servieren.

INSPIRATION FRANKREICH

# GESCHMORTE KALBSSCHULTER

## MIT RADIESERL & MEERRETTICHPÜREE

### FÜR 4 PERSONEN

**Für Kalbsschulter & Sauce**

2 Karotten
¼ Sellerieknolle
1 Stange Lauch
8 Schalotten
1 Knoblauchzehe
1 flache Kalbsschulter (Schaufelbug ohne Knochen; ca. 600 g)
Salz • Pfeffer aus der Mühle
1 EL Mehl • 1 EL Öl
Zucker
100 ml weißer Portwein
100 ml Madeira
100 ml Weißwein
je 1 Zweig Rosmarin und Thymian
1 Stängel Petersilie
1 Lorbeerblatt

**Für das Meerrettichpüree**

→ Rezept S. 20

**Für die Radieserl**

2 rote Zwiebeln
12 Radieserl (mit frischen Blättern)
30 g Butter

1. Für die Sauce Karotten und Sellerie putzen und schälen, den Lauch putzen und waschen, die Schalotten und den Knoblauch schälen. Das Gemüse (außer Knoblauch) in Würfel schneiden. Das Fleisch mit Salz und Pfeffer würzen und mit wenig Mehl bestäuben. Das Öl in einem Bräter erhitzen, das Fleisch darin bei mittlerer Hitze rundum anbraten und wieder herausnehmen.

2. Für den Saucenansatz das Gemüse (außer Knoblauch) im gleichen Öl anbraten und mit 1 großzügigen Prise Zucker karamellisieren. Den Knoblauch dazugeben, mit 25 ml Portwein ablöschen und vollständig einkochen lassen. Dann mit 25 ml Madeira ablöschen und ebenfalls einkochen lassen. Wiederum 25 ml Weißwein angießen und einkochen lassen. Dieses Vorgehen noch dreimal wiederholen, bis Portwein, Madeira und Weißwein aufgebraucht sind.

3. Den Backofen auf 120 °C (Umluft) vorheizen. Die Kräuter waschen, trocken tupfen und mit dem Lorbeerblatt zu einem Bouquet garni (Kräutersträußchen) binden. Das Fleisch mehrmals in dem Saucenansatz wenden, dann so viel Wasser angießen, dass die Kalbsschulter leicht bedeckt ist. Die Schulter zugedeckt im Ofen etwa 1 Stunde schmoren.

4. Das Meerrettichpüree zubereiten, wie auf → S. 20 beschrieben.

5. Wenn die Kalbsschulter fertiggegart ist (Test: Eine hineingestochene Gabel lässt sich leicht wieder herausziehen), aus der Sauce nehmen und warm stellen. Die Sauce durch ein feines Sieb passieren.

6. Für die Radieserl die Zwiebeln schälen, den Strunk herausschneiden und die Zwiebeln in grobe Streifen schneiden. Die Radieserl putzen, waschen und halbieren, kleine Blätter aufheben. In einem Topf die Butter aufschäumen (→ S. 34), Zwiebeln und Radieserl darin anbraten und mit der Sauce aufgießen. Das Gemüse in der Sauce gar kochen und die Radieserlblätter einstreuen. Das Fleisch in Scheiben schneiden und mit der Sauce und dem Meerrettichpüree anrichten.

# GESCHMORTE KALBSHAXE

## MIT OLIVEN-ZWIEBEL-GREMOLATA

### FÜR 4 PERSONEN

4 milde weiße Zwiebeln
½ Stange Lauch
1 Kalbshaxe (ca. 2,8 kg)
Salz · Pfeffer aus der Mühle
Paprikapulver
2 EL Mehl
1 EL Butter · 2 EL Öl
2 angeknackste ungeschälte Knoblauchzehen (→ S. 41)
1 EL Tomatenmark
400 ml Weißwein
400 g geschälte Tomaten (aus der Dose)
je 2 Zweige Rosmarin und Thymian
2 Stängel Petersilie
1 Lorbeerblatt

**Für die Gremolata**
→ Rezept S. 18

**Für die Kräuter-Polenta**
1 Zweig Thymian
1 Zweig Rosmarin
1 Lorbeerblatt
1 Knoblauchzehe · Salz
30 g Butter
100 g Polentamehl
3 EL Olivenöl

1. Die Zwiebeln schälen, vom Strunk befreien und grob würfeln. Lauch putzen und waschen, grünen und weißen Teil separat in grobe Stücke schneiden. Die Kalbshaxe in einem Topf gut mit kaltem Wasser bedecken. Das Grüne vom Lauch und die Zwiebelstrünke dazugeben. Aufkochen und 10 Minuten köcheln lassen; den Schaum abschöpfen. Kalbshaxe aus dem Kochsud nehmen, trocken tupfen, leicht abkühlen lassen. Gründlich mit Salz, Pfeffer und Paprika einreiben, dann mit Mehl bestäuben. Vom Sud 250 ml abmessen und separat beiseitestellen.
2. Den Backofen auf 160 °C (Umluft) vorheizen. In einem Bräter Butter und Öl aufschäumen (→ S. 34). Die Haxe darin bei mittlerer Hitze auf allen Seiten mit Farbe langsam anbraten, dann herausnehmen. Zwiebeln und das Weiße vom Lauch mit Knoblauch im Bratensatz anrösten, Tomatenmark zugeben und mit Weißwein ablöschen. Dosentomaten zugeben. Mit den abgemessenen 250 ml Kochsud aufgießen.
3. Aus den Kräutern und dem Lorbeer ein Bouquet garni (Kräutersträußchen) binden und dazugeben. Haxe wieder einlegen, im Ofen in 2 Stunden weich schmoren. Immer wieder etwas Sud angießen, wenn Flüssigkeit verdampft ist; die Haxe regelmäßig wenden und mit Bratensaft übergießen. Am Ende der Garzeit den Bräter aus dem Ofen nehmen, diesen ausschalten. Haxe herausnehmen, Sud in einen Topf passieren. Haxe wieder in den Bräter legen, 15 Minuten bei geöffneter Backofentür im ausgeschalteten Backofen warm halten. Inzwischen den Sud leicht einkochen. Gremolata zubereiten, wie auf → S. 18 beschrieben.
4. Für die Polenta 500 ml kaltes Wasser mit den Kräutern, dem Lorbeer und dem Knoblauch aufkochen, mit Salz abschmecken. Kräuter entsorgen. Butter ins Wasser geben, das Polentamehl langsam einrieseln lassen. Kurz aufkochen, Polenta 20 Minuten bei schwacher Hitze quellen lassen. Immer wieder umrühren. Zum Schluss das Olivenöl einrühren.
5. Die Kalbshaxe vom Knochen lösen und in Scheiben schneiden. Mit der Sauce beträufeln, mit Polenta und Gremolata servieren.

# SALTIMBOCCA

## MIT GRAUPENRISOTTO

### FÜR 4 PERSONEN

4 Kalbsschnitzel aus dem Rücken (à 150 g)
Salz • Pfeffer aus der Mühle
4 Scheiben roher Schinken
4 Salbeiblätter
80 g Butter • Olivenöl
100 ml Weißwein

**Für den Graupenrisotto**

150 g Graupen (Rollgerste)
Salz
1 Spickzwiebel (1 Lorbeerblatt und 2 Nelken; → S. 24; nach Belieben)
1 Knoblauchzehe
1 Schalotte
250–500 ml Geflügelbrühe
1 EL Pflanzenöl
100 g Gemüsewürfel (Zucchini, Karotte, Knollensellerie, Lauch)
50 g geriebener Parmesan
50 g kalte Butter
Pfeffer aus der Mühle
1 EL gehackte Petersilie

1. Für die Saltimbocca die Schnitzel in einer Folie mit einem Fleischklopfer etwa 5 mm dick plattieren. Mit Salz und Pfeffer würzen. Auf jedes Schnitzel 1 Scheibe Schinken und 1 Salbeiblatt legen und mit einem Zahnstocher fixieren.

2. In einer Pfanne die Hälfte der Butter und etwas Olivenöl erhitzen. Die Schnitzel mit dem Schinken nach oben anbraten. Mit dem Weißwein ablöschen, einen Deckel auf die Pfanne legen und das Fleisch vollständig garen. Aus der Pfanne nehmen und warm halten. Restliche Butter und etwas Wasser in die Pfanne geben, Bratsatz loskochen und Flüssigkeit reduzieren, bis eine glänzende Sauce entstanden ist.

3. Für den Risotto die Graupen unter fließendem kaltem Wasser in einem Spitzsieb gründlich spülen, bis das Wasser klar bleibt. Die Graupen mit der doppelten Menge Wasser in einen Topf geben, salzen und al dente kochen (wer möchte, kann für intensiveres Aroma 1 Spickzwiebel beigeben). In ein Sieb abgießen; diesmal nicht abspülen!

4. Knoblauch und Schalotte schälen, den Knoblauch fein hacken, die Schalotte in kleine Würfel schneiden. Geflügelbrühe zum Kochen bringen. Inzwischen in einem Topf Öl erhitzen, Knoblauch und Schalotte darin ohne Farbe anschwitzen. Graupen dazugeben und mit kochender Geflügelbrühe bedecken. Die vorbereiteten Gemüsewürfel dazugeben und langsam sämig kochen. Etwa 8 Minuten wie ein Risotto kochen: Immer wenn nötig, etwas Brühe zugießen. Von Zeit zu Zeit umrühren. Parmesan und die kalte Butter unterrühren, mit Salz und Pfeffer abschmecken. Zuletzt die Petersilie darüberstreuen.

5. Risotto auf vier Teller verteilen, Saltimbocca darauf anrichten und mit der Sauce beträufeln.

INSPIRATION FRANKEN

# SCHWEINEKOTELETT

## MIT MEERRETTICHKRUSTE & SELLERIEPÜREE

### FÜR 4 PERSONEN

**Für die Koteletts**

30 g Butter · 1 EL Öl

4 Schweinekoteletts vom glücklichen bayerischen Schwein (à ca. 180 g; → **Stichwort**)

1 Zweig Rosmarin

Fleur de Sel

Pfeffer aus der Mühle

1 TL mittelscharfer Senf

**Für die Meerrettichkruste**

50 g zimmerwarme Butter

½ EL Zitronensaft

Cayennepfeffer

1 EL frisch geriebener Meerrettich

1 Msp. frische Thymianblätter

60 g frisch geriebenes Weißbrot ohne Rinde

**Für das Selleriepüree**

200 g geputzter Knollensellerie

50 g Butter · 200 g Sahne

Salz

frisch geriebene Muskatnuss

**Für die Senfzwiebeln**

→ Rezept S. 19

1. Den Backofen auf 140 °C (Umluft) vorheizen. In einer Pfanne Butter mit Öl aufschäumen (→ S. 34). Die Schweinekoteletts darin auf beiden Seiten anbraten, Rosmarin dazugeben. Koteletts aus der Pfanne nehmen, mit dem Rosmarin auf den Ofenrost legen und etwa 15 Minuten im heißen Backofen (Mitte) garen. Die Schweinekoteletts aus dem Backofen nehmen, etwa 5 Minuten ruhen lassen, dann mit Salz und Pfeffer würzen. Den Backofen auf Grillfunktion umschalten.

2. Für die Meerrettichkruste die Butter schaumig rühren. Zitronensaft, Cayennepfeffer, Meerrettich, Thymianblätter und zum Schluss die Weißbrotbrösel zugeben, alles locker vermischen. Schweinekoteletts auf einer Seite mit dem Senf bestreichen. Die Kruste etwa ½ cm dick auf dem Senf verteilen, Koteletts im Backofen goldbraun übergrillen.

3. Für das Selleriepüree den Knollensellerie in walnussgroße Würfel schneiden. Die Butter in einem Topf aufschäumen und braun werden lassen. Den Sellerie darin leicht anschwitzen und mit der Sahne ablöschen. Einen Deckel auflegen und den Sellerie weich garen. Dann abseihen, die Sahne aufheben. Sellerie in einen Mixer geben, nach und nach mit der Sahne pürieren, bis eine cremige Konsistenz entstanden ist. Das Selleriepüree bei Bedarf durch ein Sieb streichen und mit Salz und Muskat abschmecken.

4. Die Senfzwiebeln zubereiten, wie auf → S. 19 beschrieben. Die Senfzwiebeln auf vier Teller verteilen, die Schweinekoteletts halbieren, auf die Senfzwiebeln setzen und das Selleriepüree daneben anrichten.

### STICHWORT: STROHSCHWEIN

*Kaufen Sie möglichst Schweinefleisch vom Strohschwein. Strohschweine werden artgerecht auf Stroh gehalten und bekommen mindestens 40 % mehr Liegefläche als gesetzlich vorgeschrieben.*

# Z'RUPFTE SAU

## MIT BAYERISCHEM COLESLAW & BAUERNBROT

### FÜR 8 PERSONEN

2 kg Halsgrat vom glücklichen bayerischen Schwein (→ S. 68)

½ Laib Bauernbrot

**Für die Marinade**

50 g Salz • 1 TL Kümmel

1 TL getrockneter Majoran

Schale von 1 Bio-Zitrone

3 Knoblauchzehen • 50 g Öl

3 Stängel Petersilie

Meersalz

Pfeffer aus der Mühle

**Für den bayerischen Coleslaw (Krautsalat)**

1 Spitzkraut • Salz

1 Msp. Kümmel

1 EL Weinessig • Zucker

Pfeffer aus der Mühle

2 EL Pflanzenöl

50 g Mayonnaise (selbst gemacht → S. 106 oder gekauft)

20 g süßer Senf (Weißwurstsenf)

**Für das bayerische Chimichurri**

→ Rezept S. 17

1. Am Vortag die Zutaten für die Marinade in einem Mixer fein pürieren. Das Halsgrat damit rundum bestreichen und in Folie einwickeln. Etwa 24 Stunden im Kühlschrank marinieren.

2. Den Grill auf 100–110 °C vorheizen. Halsgrat 8–9 Stunden garen. Das bayerische Chimichurri zubereiten, wie auf → S. 17 beschrieben.

3. Für den Coleslaw das Spitzkraut waschen und halbieren, den Strunk in der Mitte keilförmig herausschneiden. Die einzelnen Blätter verlesen, die harte Mittelrippe bzw. den verbliebenen Strunk herausschneiden. Jedes Blatt wie eine Zigarre einrollen und in feine Streifen schneiden. Vorsichtig einsalzen, locker vermengen und etwa 20 Minuten durchziehen lassen.

4. Den Kümmel in einer Pfanne ohne Fett kurz anrösten und im Mörser fein zermahlen. Das Kraut mit Essig, Zucker und Pfeffer abschmecken. Den Kümmel dazugeben und kräftig durchkneten. 20 Minuten ziehen lassen, dann das Öl zugeben und noch einmal durchkneten.

5. Das Fleisch aus dem Grill nehmen und etwa 15 Minuten ruhen lassen. Mit zwei Gabeln zerrupfen. Den Grill auf 180 °C erhitzen. Das Bauernbrot in Scheiben schneiden und auf den Grill legen.

6. Die Mayonnaise mit dem süßen Senf verrühren. Das Kraut mit der Senfmayonnaise vermengen; bei Bedarf noch einmal abschmecken.

7. Zum Servieren den Coleslaw auf die gerösteten Brotscheiben verteilen, das Fleisch darauflegen. Mit etwas Meersalz und Pfeffer würzen. Bayerisches Chimichurri darübergeben und servieren.

INSPIRATION ÖSTERREICH

# MÜNCHNER SCHNITZEL

## MIT SELBST GEMACHTEN POMMES FRITES

### FÜR 4 PERSONEN

3 Brezen oder Laugenstangerl vom Vortag
2 Eier (Größe M)
100 g Weizenmehl
4 Kalbsschnitzel aus der Lende (à 100 g)
100 g süßer Senf (Weißwurstsenf)
frisch geriebener Meerrettich (nach Geschmack)
250 g Butterschmalz
2 EL kalte Butter

**Für die Pommes**

1–1,5 l Öl zum Frittieren
300 g Bintje-Kartoffeln
Salz
Cayennepfeffer

1. Die Brezen mit einem Mixer zu Bröseln mahlen und in einen tiefen Teller geben. In einem zweiten tiefen Teller die Eier mit einer Gabel verquirlen. In einem dritten Teller das Mehl verteilen.
2. Die Kalbsschnitzel zwischen zwei Gefrierbeuteln platt klopfen. Auf beiden Seiten mit dem Weißwurstsenf bestreichen und Meerrettich darüberhobeln. Nacheinander in Mehl, Ei und Brezenbröseln panieren. Überschüssiges Mehl und Ei zwischen den einzelnen Schritten sachte abklopfen. Die Panade nur ganz leicht andrücken, da sie sonst nicht gut aufgeht.
3. Den Backofen auf 60 °C (Umluft) vorheizen. In einer großen Pfanne Butterschmalz erhitzen. 1 oder 2 panierte Münchner Schnitzel einlegen. Während die Schnitzel im Butterschmalz braten, die Pfanne sachte auf der Herdplatte hin- und herbewegen. Nach etwa 2 Minuten wenden, wenn die Ränder der Schnitzel anfangen braun zu werden, und in die Pfanne 1 EL kalte Butter geben. Die Pfanne mit den Kalbsschnitzeln weiter leicht auf dem Herd bewegen und mit einem Löffel die Butter immer wieder über das Schnitzel gießen, bis die Panade goldbraun ist und die typischen „Isarwellen“ geworfen hat. Im heißen Backofen warm stellen. Mit den übrigen Schnitzeln ebenso verfahren.
4. Für die Pommes das Frittieröl auf 130 °C erhitzen. Kartoffeln schälen und zuerst in ½ cm dicke Scheiben, dann in ½ cm dicke Stäbchen schneiden. Pommes etwa 10 Minuten in kaltes Wasser legen, dann auf Küchenpapier abtropfen lassen und 4–5 Minuten im Fett blanchieren.
5. Die Kartoffelstäbchen aus dem Fett nehmen, auf Küchenpapier abtropfen und auskühlen lassen. In der Zwischenzeit das Fett auf 175 °C erhitzen. Die blanchierten Pommes frites im heißen Fett knusprig backen. Herausnehmen, mit Salz und Cayennepfeffer würzen. Zu den Schnitzeln auf den Tellern anrichten.

### BACHMEIERS TIPP

*Die Schnitzel nacheinander braten und bei 60 °C im Backofen warm stellen.*

# SCHWEINEKARREE VOM GRILL

## MIT PICO DE GALLO & SPECKKARTOFFELN

### FÜR 4–6 PERSONEN

1,2 kg Karree vom Strohschwein (→ S. 68)
Meersalz
1 geschälte Knoblauchzehe
2 Zweige Rosmarin
1 Zweig Thymian
Schale von 1 Bio-Zitrone
3 EL Olivenöl

**Für das Pico de Gallo (frische mexikanische Würzsauce)**

2 vollreife Tomaten
½ Gartengurke
4 Radieserl
1 rote Zwiebel
2 rote Chilischoten
1 EL gehackte Kapern und 1 EL Kapernwasser
1 EL gehackte Sardellen
2 EL gehackte Petersilie
1 EL gehacktes Koriandergrün
Salz • Pfeffer aus der Mühle
Olivenöl

1. Die Schwarte des Karrees mit einem scharfen Messer rautenförmig einschneiden. Mit Meersalz und Knoblauch einreiben. Restliches Fleisch mit Salz würzen.
2. Einen Keramikgrill oder einen Kugelgrill mit Holzkohle befüllen und auf etwa 220 °C erhitzen. Das Karree mit der Schwarte nach unten direkt über der Kohle grillen, die Schwarte bräunen. Danach, falls vorhanden, zwischen Kohle und Gitterrost einen Schamottstein (→ S. 56) legen, um die direkte Hitze zu unterbrechen. Den Grill etwas abkühlen lassen; bei etwa 180 °C das Fleisch wieder auf den Rost legen, Grill mit dem Deckel verschließen. Das Fleisch in etwa 40 Minuten garen.
3. Inzwischen für das Pico de Gallo die Tomaten waschen, putzen, vierteln und entkernen. Die Gartengurke waschen, putzen, vierteln und die Kerne herausschneiden. Radieserl waschen und putzen. Zwiebel schälen. Alle Gemüsesorten in etwa ½ cm große Würfel schneiden.
4. Die Chilischoten waschen, putzen, fein hacken und mit dem Gemüse vermengen. Kapern, Kapernwasser, Sardellen, Petersilie und Koriandergrün dazugeben, alles gut vermengen. Mit Salz, Pfeffer und Olivenöl abschmecken.
5. Rosmarin, Thymian und Zitronenschale mit Meersalz und Olivenöl verrühren. Nach der Garzeit die Schwarte des Karrees damit bepinseln.

### BACHMEIERS TIPP

*Zu diesem Rezept passt auch die* ***Geräucherte Paprika-Mayonnaise*** *auf → S. 106 wunderbar.*

INSPIRATION ASIEN

# LAMBCHOPS

## MIT FRITTIERTEM KNOBLAUCH & PAK CHOI

### FÜR 4 PERSONEN

8 schöne Lammkoteletts
Salz
Pfeffer aus der Mühle
3 EL Olivenöl
1 Zweig Thymian
1 Zweig Rosmarin
1 angeknackste ungeschälte Knoblauchzehe (→ S. 41)
30 g kalte Butter
1 Zitrone

**Für den Pak Choi**

2 Schalotten
½ Chilischote ohne Kerne
4 Pak Choi (Chinesischer Senfkohl)
1 EL kalte Butter
1 EL Olivenöl
Salz · Pfeffer aus der Mühle
frisch geriebene Muskatnuss

**Für den frittierten Knoblauch**

2 junge Knoblauchknollen
100 ml Öl

1. Die Lammkoteletts salzen und pfeffern. In einer Pfanne das Olivenöl erhitzen und die Koteletts auf beiden Seiten heiß anbraten. Thymian, Rosmarin und die ungeschälte Knoblauchzehe dazugeben, die kalte Butter in der Pfanne aufschäumen (→ S. 34). Die Pfanne von der Hitze nehmen und die Lammkoteletts darin etwa 5 Minuten ziehen lassen; immer wieder mit Butter übergießen.

2. Für den Pak Choi die Schalotten schälen und in feine Streifen schneiden. Die Chilischote fein hacken. Vom Pak Choi den Strunk entfernen, den Kohl grob hacken. Butter mit Olivenöl in einer Pfanne aufschäumen und den Pak Choi darin anbraten. Chilischote dazugeben, immer wieder mit etwas kaltem Wasser beträufeln und weiter anbraten. Mit Salz, Pfeffer und Muskat abschmecken. Auf Küchenpapier geben und warm stellen.

3. Für den frittierten Knoblauch von den frischen Knoblauchknollen den Stielansatz und die äußeren Blätter entfernen, die Knoblauchknolle halbieren und in feine Scheiben schneiden. Das Öl in einer Pfanne erhitzen und den Knoblauch darin kross braten. Aus der Pfanne auf Küchenpapier geben und salzen.

4. Den Pak Choi auf Tellern anrichten, die Lambchops darauf verteilen und mit dem Knoblauch bestreuen. Die Zitrone achteln, die Zitronenspalten als Garnitur daneben anrichten.

### STICHWORT: JUNGER KNOBLAUCH

*Beim jungen bzw. frischen Knoblauch sind die Zehen noch nicht voll ausgereift. Er schmeckt wunderbar mild. Verkauft wird er mit einem Teil des grünen Stiels; man schält ihn nur außen und bereitet ihn ähnlich wie Frühlingszwiebeln zu.*

INSPIRATION ITALIEN

# LAMM-TOMATEN-RAGOUT

## MIT BRÖSELKNÖDELN

### FÜR 4 PERSONEN

1 kg küchenfertige Lammschulter (ausgelöst, ohne Knochen)
200 g weiße Zwiebeln
2 mittelgroße Karotten
2 Tomaten • 70 g Butter
2–3 EL Olivenöl
1 EL Mehl
2 Knoblauchzehen
2 Stängel Petersilie
1 Zweig Thymian
2 Lorbeerblätter
400 g geschälte Tomaten (aus der Dose)
Meersalz
Pfeffer aus der Mühle
12 Frühlingszwiebeln
2 weiße Rübchen
12 kleine Karotten • Zucker
2 EL gehackte Petersilie

**Für die Bröselknödel**

50 g Butter
2 Eier (Größe M)
200 g Semmelbrösel
100 ml Milch • 2 EL Mehl
frisch geriebene Muskatnuss
Salz • Pfeffer aus der Mühle

1. Für das Ragout das Fleisch in 4 cm große Würfel schneiden. Zwiebeln und Karotten schälen, waschen und in feine Würfel schneiden. Tomaten waschen und mitsamt Haut und Kernen in grobe Stücke schneiden.
2. In einem großen ovalen Gusseisentopf 20 g Butter und das Olivenöl hell aufschäumen (→ S. 34), Fleischstücke einlegen und bei starker Hitze von allen Seiten braun anbraten. Zwiebel- und Karottenwürfel zugeben, mit einem Holzlöffel umrühren und bei schwacher Hitze in etwa 5 Minuten goldgelb anschwitzen. Dann mit Mehl bestäuben und unter mehrmaligem Umrühren in etwa 2 Minuten goldbraun werden lassen.
3. Die ungeschälten Knoblauchzehen „anknacksen“ (→ S. 41). Aus Petersilie und Thymian ein Bouquet garni (Kräutersträußchen) binden, mit Lorbeer und Knoblauch in den Topf geben. Die Dosentomaten zugießen, knapp mit Wasser bedecken und zum Kochen bringen. Mit Meersalz und Pfeffer würzen. Einen Deckel auflegen und ganz behutsam fertiggaren. Knoblauch und Bouquet garni entsorgen.
4. In einem anderen Topf 50 g Butter zerlassen. Frühlingszwiebeln ohne Grün, Rübchen und Karotten waschen und putzen, die Rübchen je nach Größe halbieren oder vierteln. Alles langsam in der Butter hellbraun anbraten, mit Salz, 1 Prise Zucker und Pfeffer würzen. Etwas Wasser dazugeben, zudecken und langsam weich schmoren.
5. Inzwischen für die Knödel Butter und Eier schaumig schlagen. Semmelbrösel mit der Milch verrühren. Das Mehl unter die Ei-Butter-Mischung ziehen und mit den Semmelbröseln vermengen. Die Masse mit Muskat, Salz und Pfeffer abschmecken, etwa 10 Minuten ruhen lassen. In einem Topf Wasser aufkochen und salzen. Die Masse nochmals durchkneten, kleine Knödel formen und in das Wasser einlegen. Den Topf sofort von der Hitze nehmen, die Knödel 10 Minuten ziehen lassen.
6. Das Ragout auf vorgewärmte tiefe Teller verteilen, mit dem Gemüse garnieren und die Knödel daneben anrichten. Mit Petersilie bestreuen.

INSPIRATION GRIECHENLAND

# SÜSSKARTOFFEL-MOUSSAKA

## MIT LAMMFLEISCH

### FÜR 4 PERSONEN

**Für das Lammragout**
1 mittelgroße rote Zwiebel
2 EL Olivenöl
400 g Lammhackfleisch
Salz • Pfeffer aus der Mühle
Currypulver
1 Knoblauchzehe
400 g stückige Tomaten (aus der Dose)
4 Petersilienstängel
2 Zweige Thymian
1 Lorbeerblatt

**Für die Béchamelsauce**
40 g Butter • 40 g Mehl
500 ml kalte Milch
Salz • Pfeffer aus der Mühle
frisch geriebene Muskatnuss

**Für die Süßkartoffel-Auberginen-Füllung**
500 g orange Süßkartoffeln
Salz • Zucker
3 EL Obstessig • Olivenöl
2 längliche Auberginen
100 g griechischer Schafs-/Ziegenkäse (z. B. Manouri)

1. Für das Lammragout die Zwiebel schälen, in feine Würfel schneiden und in Olivenöl glasig dünsten. Das Lammhackfleisch dazugeben, mit Salz, Pfeffer und 1 Prise Currypulver würzen. Alles weiter anbraten.
2. Die ungeschälte Knoblauchzehe anknacksen (→ S. 41) und zum Lammfleisch geben. Den Ansatz mit den stückigen Tomaten aus der Dose ablöschen. Die Dose mit Wasser auffüllen, das Wasser ebenfalls zugießen. Aus Petersilie, Thymian und Lorbeer ein Bouquet garni (Kräutersträußchen) binden und auch zum Ragout geben. Offen 30 Minuten köcheln lassen. Anschließend das Ragout vom Herd nehmen, Knoblauch und Bouquet garni entsorgen.
3. Für die Béchamelsauce Butter in einem Topf aufschäumen (→ S. 34). Das Mehl dazugeben und 3–4 Minuten bei geringer Hitze anschwitzen. Die Milch kalt unter ständigem Rühren dazugeben und köcheln lassen, bis sich das Mehl klumpenfrei aufgelöst hat. Mit Salz, Pfeffer und Muskat abschmecken.
4. Für die Füllung die Süßkartoffeln schälen und in etwa ½ cm dicke Scheiben schneiden. Mit Salz, Zucker und dem Obstessig in einen Topf geben und mit Wasser bedecken. Aufkochen und in etwa 5 Minuten bissfest garen.
5. Die Auberginen in etwa ½ cm dicke Scheiben schneiden und kräftig salzen. Auf einem Grill oder in einer Pfanne in Olivenöl auf beiden Seiten goldbraun braten und auf Küchenpapier abtropfen lassen.
6. Den Backofen auf 160 °C (Umluft) vorheizen. Eine Auflaufform mit Olivenöl einfetten. Zuerst etwas Lammragout und Béchamelsauce in der Form verteilen. Danach abwechselnd Auberginen, Süßkartoffeln, Lammragout und Béchamelsauce einschichten. Zuletzt den Käse grob darüberbröseln. Im heißen Backofen (Mitte) in 45 Minuten überbacken.

INSPIRATION ASIEN

# GEFÜLLTE PAPRIKA

## MIT ASIATISCHEM HENDL & CHILI-JOGHURT

**FÜR 4 PERSONEN**

4 längliche Spitzpaprika
4 Pak Choi (Chinesischer Senfkohl)
Salz · Pfeffer aus der Mühle
1 EL Olivenöl
2 Stängel Minze
1 Handvoll Blattkräuter der Saison (→ S. 50)

**Für die Füllung**

120 g Quinoa (rot und weiß)
2 Frühlingszwiebeln
2 Schalotten · 1 Chilischote
1 Korianderwurzel mit Koriandergrün (aus dem Asiashop)
400 g ausgelöste Hähnchenschenkel
Salz
1 Msp. frisch geriebener Ingwer
1 EL Fischsauce
Saft von 2 Limetten
Pfeffer aus der Mühle

**Für den Chili-Joghurt**

200 g Schafmilchjoghurt
4 EL Milch
Saft von ½ Limette
½ TL edelsüßes Paprikapulver
Cayennepfeffer · Salz

1. Für die Füllung Quinoa gründlich waschen und mit der doppelten Menge Wasser in einen Topf geben. Zum Kochen bringen und etwa 8 Minuten köcheln lassen, dann Deckel auflegen und 15 Minuten quellen lassen. Mit Wasser abspülen und in einem Sieb abtropfen lassen.
2. Die Frühlingszwiebeln waschen und putzen, das Grüne und das Weiße getrennt in Röllchen schneiden. Schalotten schälen und in Streifen schneiden. Chilischote und Korianderwurzel putzen, waschen und fein hacken; 2 Stängel Koriandergrün zum Garnieren beiseitelegen.
3. Die Hähnchenschenkel von Haut und Sehnen befreien, gut salzen und fein hacken. Mit den Schalotten, Korianderwurzel, Ingwer und Chilischote mischen, mit Fischsauce und Limettensaft abschmecken. Quinoa und das Weiße der Frühlingszwiebel unterheben, mit Salz und Pfeffer kräftig würzen.
4. Den Backofen auf 160 °C (Umluft) vorheizen. Die Spitzpaprika waschen, der Länge nach halbieren und die Kerne auskratzen. Pak Choi waschen, halbieren, den Strunk entfernen und den Kohl in einen Bräter legen. Mit Salz, Pfeffer und Olivenöl würzen, mit etwas kaltem Wasser beträufeln. Die Spitzpaprika auf den Pak Choi setzen und mit der Hähnchenmasse füllen. Den Bräter mit einem Deckel oder mit Alufolie abdecken. Die Paprika im heißen Backofen (Mitte) 1 Stunde garen. Den Deckel oder die Folie entfernen und die Paprikaschoten weitere 15 Minuten garen.
5. Inzwischen für den Chili-Joghurt den Joghurt mit Milch und Limettensaft, Paprikapulver und 1 kräftigen Prise Cayennepfeffer verrühren, mit Salz abschmecken.
6. Zum Servieren Minze und Koriandergrün waschen und trocken schütteln, die Blätter abzupfen. Spitzpaprika mit dem Pak Choi auf Tellern anrichten, mit Joghurt beträufeln, mit Minze- und Korianderblättern sowie den Blattkräutern garnieren. Oder direkt im Bräter servieren und dann auf Tellern verteilen.

INSPIRATION FRANKREICH

# PERLHUHN

## MIT BALSAMICO-KIRSCHEN & SELLERIEPÜREE

### FÜR 4 PERSONEN

**Für das Perlhuhn**

40 g Butter • 2 EL Öl
2 Perlhuhnbrüste (mit Haut, ohne Knochen)
Salz • Pfeffer aus der Mühle
2 Zweige Rosmarin
2 Zweige Thymian
2 angeknackste ungeschälte Knoblauchzehen (→ S. 41)

**Für den Selleriesalat**

4 Stangen Staudensellerie (mit feinen Blättern)
Salz • Zucker • Weinessig
Piment d'Espelette (baskisches Chiligewürz → S. 27)
Olivenöl

**Für das Selleriepüree**

200 g Knollensellerie
50 g Butter • 200 g Sahne
Salz
frisch geriebene Muskatnuss

**Für das Balsamico-Kirschragout**

→ Rezept (Tipp) S. 149

1. Den Backofen auf 150 °C (Umluft) vorheizen. Für den Selleriesalat den Staudensellerie waschen, putzen, holzige Fäden abziehen. Die feinen Blätter beiseitelegen. Die Selleriestangen in kleine Stücke schneiden und in kochendem Salzwasser blanchieren, dann mit kaltem Wasser abbrausen. Den noch leicht warmen Sellerie mit Salz, Zucker und Essig abschmecken. Etwas Piment d'Espelette sowie die Sellerieblätter zugeben und mit dem Öl marinieren.
2. In einer Pfanne 20 g Butter und das Öl erhitzen. Das Perlhuhn darin zuerst auf der Bauchseite, dann auf der Hautseite anbraten. Salzen und pfeffern. 1 Rosmarin- und 1 Thymianzweig sowie 1 Knoblauchzehe dazugeben. Perlhuhn immer wieder mit dem Bratensaft übergießen. Vom Herd nehmen, im heißen Ofen (Mitte) in 8 Minuten direkt auf dem Rost garen. Aus dem Ofen nehmen, 5 Minuten ruhen lassen.
3. Die übrigen 20 g Butter in der Pfanne aufschäumen (→ S. 34). Restlichen Thymian, Rosmarin und Knoblauch zugeben, die Perlhuhnbrüste darin noch einmal anbraten und mit dem Saft übergießen.
4. Für das Püree den Knollensellerie schälen, putzen und in etwa walnussgroße Würfel schneiden. Die Butter in einem Topf erhitzen und bei mittlerer Hitze leicht bräunen. Sellerie darin kurz andünsten. Sahne angießen, den Sellerie in etwa 20 Minuten weich garen, dann mit dem Stabmixer oder im Küchenmixer cremig pürieren. Mit Salz und Muskatnuss abschmecken. Warm stellen.
5. Das Balsamico-Kirschragout zubereiten, wie auf → S. 149 beschrieben – allerdings den Balsamico erst zugießen, wenn der Fond abgebunden hat.
6. Das Selleriepüree auf vier Teller verteilen und mit einem Löffel verstreichen. Die Kirschen um das Püree verteilen, den Selleriesalat auf das Püree geben. Das Fleisch in längliche Scheiben schneiden, auf den Tellern anrichten und mit etwas Fond vom Kirschragout überziehen.

# AUS FLUSS, SEE & MEER

# FORELLE MÜLLERIN

## MIT ZITRONENKARTOFFELN & SPINAT

**FÜR 4 PERSONEN**

1 Bio-Zitrone
4 EL Olivenöl
4 küchenfertige Forellen (à ca. 300 g)
Salz • Pfeffer aus der Mühle
4 Zweige Thymian
1 kleines Bund Petersilie (ca. 10 Stängel)
2 Knoblauchzehen
2 gehäufte EL Mehl
4 EL Butter
2 EL Pflanzenöl zum Braten

**Für den Spinat**

2 Frühlingszwiebeln
200 g Spinat
1 Schalotte
1 Knoblauchzehe
2 EL Butter • Salz
frisch geriebene Muskatnuss
16 kleine Kartoffeln (Grenaille bzw. Drillinge)
1 EL Kümmel

1. Die Zitrone sehr dünn schälen, die Schale fein hacken und beiseitestellen. Die Zitrone auspressen, den Saft mit dem Olivenöl verrühren. Die Forellen gut waschen und mit Küchenpapier abtrocknen. Das Forellenfleisch mit einem scharfen Messer auf beiden Seiten zwei- bis dreimal vertikal einschneiden. Forellen innen und außen mit Salz und Pfeffer würzen und mit der Olivenöl-Zitronensaft-Mischung einpinseln. In den Bauchraum jeweils 1 Thymianzweig, 1 Petersilienstängel und ½ ungeschälte Knoblauchzehe legen. Das Mehl auf einem Blech verteilen, die Forellen darin wenden. Überschüssiges Mehl abklopfen.

2. Für den Spinat Frühlingszwiebeln und Spinat waschen und putzen. Die Schalotte schälen und in Streifen, die Frühlingszwiebeln in Röllchen schneiden. Die Knoblauchzehe schälen. In einem Topf Butter aufschäumen (→ S. 34). Schalotten und Frühlingszwiebeln darin anbraten, Knoblauch und Spinat dazugeben. Mit Salz und Muskat würzen. Mehrmals mit einem Holzlöffel umrühren, Spinat zusammenfallen lassen.

3. Die Kartoffeln waschen, in Salzwasser mit 2–3 Stängeln Petersilie und dem Kümmel weich kochen, schälen und halbieren. Den Backofen auf 150 °C (Umluft) vorheizen. Ein Backblech mit Backpapier auslegen.

4. In einer ausreichend großen beschichteten Pfanne 2 EL Butter mit dem Pflanzenöl aufschäumen. Die Forellen auf beiden Seiten scharf anbraten, dann auf das Blech legen und im heißen Backofen (Mitte) 12–15 Minuten garen. Aus der Pfanne überschüssiges Fett abgießen.

5. Restliche Petersilienblätter von den Stängeln zupfen, waschen, trocken schleudern und grob hacken. Die restlichen 2 EL Butter aufschäumen, die Zitronenschale darin anbraten, Kartoffeln dazugeben und mit der gehackten Petersilie bestreuen.

6. Die Forellen mit den Kartoffeln auf vier Teller verteilen und die Zitronenbutter heiß darübergießen. Den Spinat daneben anrichten.

# WOLFSBARSCH

## MIT BLUMENKOHL & SALZZITRONE

### FÜR 4 PERSONEN

**Für den Wolfsbarsch**

1 EL Butter • Salz

2 Wolfsbarschfilets (mit Haut), geschuppt und Gräten entfernt

Salzzitrone (→ S. 20)

1 Stängel Dill, zum Garnieren

**Für Blumenkohlpüree & gerösteten Blumenkohl**

½ Blumenkohl

1 Schalotte

50 g Butter

1 Lorbeerblatt

1 angeknackste ungeschälte Knoblauchzehe (→ S. 41)

300 g Sahne

Salz

frisch geriebene Muskatnuss

Olivenöl zum Braten

1. Für den Fisch den Backofen auf 80 °C (Umluft) vorheizen. Einen großen Teller mit Butter bestreichen und mit Salz bestreuen. Die Fischfilets nebeneinander darauflegen und Frischhaltefolie straff darüberspannen. Die Filets im heißen Backofen auf der mittleren Schiene in 20–25 Minuten garen. Der Fisch ist fertig, wenn er auf leichten Druck etwas nachgibt.

2. Inzwischen den Blumenkohl waschen, die äußeren Blätter entfernen. Mit einem scharfen Messer von der Hälfte des Blumenkohls die Röschen abschneiden und auf der groben Seite einer Haushaltsreibe raspeln. Von der anderen Hälfte des Blumenkohls ebenfalls die Röschen abschneiden und diese im Ganzen in kochendem Salzwasser blanchieren. Den Rest samt Strunk klein schneiden.

3. Die Schalotte schälen und in Streifen schneiden. 25 g Butter in einem Topf aufschäumen (→ S. 34). Schalotte, Lorbeerblatt und den klein geschnittenen Blumenkohl mit der Knoblauchzehe dazugeben und mit wenig Farbe anschwitzen. Die Sahne zugießen und die Flüssigkeit einköcheln lassen. Den Knoblauch herausnehmen, den Rest fein pürieren. Das Blumenkohlpüree mit Salz und Muskat abschmecken.

4. Im Topf die restliche Butter mit dem Olivenöl aufschäumen, geraspelten Blumenkohl und Röschen darin goldbraun braten. Leicht salzen.

5. Mit einem Löffel etwas Salzzitrone aus dem Glas nehmen und auf einem Teller zerkleinern.

6. Zum Servieren das Blumenkohlpüree auf vier vorgewärmten Tellern verstreichen. Vom Barsch die Haut abziehen, den Fisch leicht salzen und auf dem Püree anrichten. Die gerösteten Blumenkohlröschen und Stücke von der Salzzitrone auf dem Fisch verteilen, geraspelten Blumenkohl darüberstreuen. Mit dem Dill garnieren.

INSPIRATION HAMBURG

# SANFT GEGARTER SAIBLING

## MIT SPINAT-SPECKKARTOFFEL-SALAT

### FÜR 2 PERSONEN

2 ganze Saiblinge (à ca. 600 g)
Salz • Pfeffer aus der Mühle
1 Bio-Zitrone, in 4 Scheiben geschnitten
2 Zweige Rosmarin
2 Stängel Petersilie
2 Zweige Thymian
2 angeknackste ungeschälte Knoblauchzehen (→ S. 41)

**Für den Spinat-Speckkartoffel-Salat**

400 g festkochende Kartoffeln (z. B. Linda)
1 Stängel Petersilie
1 EL Kümmel • Salz
1 kleine rote Zwiebel
Öl zum Braten
100 g geräucherter Bauchspeck, in Würfel geschnitten
20 g Zucker
4 EL Rotweinessig
1 TL scharfer Senf
100 g Spinat
Pfeffer aus der Mühle
frisch geriebene Muskatnuss

1. Für den Salat die Kartoffeln waschen, zusammen mit Petersilie und Kümmel in einen Topf geben. Mit kaltem Wasser bedecken, salzen. Die Kartoffeln in 25 Minuten weich kochen.
2. Den Backofen auf 160 °C (Umluft) vorheizen. Ein Backblech mit Backpapier auslegen. Die Saiblinge waschen und sauber putzen, den Bauchraum mit Salz und Pfeffer würzen. 2 Zitronenscheiben halbieren und zusammen mit Rosmarin, Petersilie und Thymian sowie dem Knoblauch in den Bauchraum legen. Den Fisch auf das Backblech legen und im heißen Backofen (Mitte) in etwa 25 Minuten garen.
3. Wenn die Kartoffeln gar sind, das Wasser abgießen und die Kartoffeln etwas abkühlen lassen. Schälen und vollständig auskühlen lassen.
4. Die Kartoffeln mit einem kleinen Messer in feine Scheiben schneiden. Die rote Zwiebel schälen und in feine Ringe schneiden. Wenig Öl in einer Pfanne erhitzen, die Speckwürfel darin anbraten. Dann die Kartoffeln dazugeben und ebenfalls anbraten. Schließlich die Zwiebelringe dazugeben und die Kartoffeln goldbraun braten.
5. Die Kartoffeln mit dem Zucker karamellisieren und mit Essig ablöschen. Den scharfen Senf zu den Kartoffeln geben und durchschwenken. Den Spinat waschen und trocken schleudern, unter die Kartoffeln heben und noch einmal gut durchschwenken. Mit Salz, Pfeffer und Muskat abschmecken.
6. Die Saiblinge aus dem Ofen nehmen und kurz ruhen lassen. Vorsichtig die Haut abziehen und das Fleisch von den Gräten lösen oder die Saiblinge im Ganzen lassen.
7. Den Spinat-Speckkartoffel-Salat auf zwei Teller verteilen und den Saibling daneben anrichten.

# STEINBUTT

## MIT KOHLRABI & KOHLRABI-SAUERAMPFER-PÜREE

**FÜR 4 PERSONEN**

2 EL Olivenöl
600 g Steinbuttfilet
Salz
30 g kalte Butter
1 Zweig Thymian
1 Knoblauchzehe
kleine Sauerampferblätter, zum Garnieren

**Für das Kohlrabi-Sauerampfer-Püree**

2 Kohlrabi
100 g Sauerampfer
1 TL Butter
200 g Sahne
Salz
Cayennepfeffer

1. Für das Kohlrabi-Sauerampfer-Püree die Kohlrabi schälen. Den Sauerampfer waschen und putzen. Aus dem Kohlrabi mit einem Ausstecher etwa 1 cm große Kugeln stechen, diese in sprudelndem Salzwasser bissfest blanchieren und in Eiswasser (→ S. 37) abschrecken.
2. Die übrigen Kohlrabiabschnitte klein schneiden. In einem Topf 1 TL Butter aufschäumen (→ S. 34) und die Kohlrabiabschnitte darin farblos andünsten. Mit der Sahne ablöschen, sehr weich kochen, dann mit Salz und Cayennepfeffer würzen.
3. In einem Standmixer den Kohlrabi fein pürieren und im Mixbecher abkühlen lassen (auf etwa 50 °C). Erst jetzt den Sauerampfer dazugeben und nochmals fein pürieren, bis das Püree eine schöne grüne Farbe angenommen hat.
4. Für den Fisch in einer beschichteten Pfanne das Olivenöl erhitzen. Den Steinbutt salzen und im Olivenöl auf beiden Seiten in 2 Minuten goldbraun anbraten.
5. Die Pfanne von der Hitze nehmen und die kalte Butter darin zerlassen, mit dem Thymian und dem Knoblauch aromatisieren. Die Kohlrabikugeln zugeben und leicht salzen. Steinbutt und Kohlrabi am Herdrand immer wieder mit der Butter übergießen.
6. Zum Servieren das Kohlrabi-Sauerampfer-Püree auf die Teller streichen. Steinbutt darauflegen und mit den Kohlrabikugeln und kleinen Sauerampferblättern garnieren.

# SEEFORELLE

## IM SALZTEIG MIT HEU

### FÜR 2 PERSONEN

1 ganze Seeforelle (ca. 700 g)
Salz • Pfeffer aus der Mühle
200 g Joghurt
1 EL Schnittlauchröllchen

**Für den Salzteig**

(Tipp: Der Salzteig sollte das gleiche Gewicht haben wie der Fisch.)
350 g Mehl • 350 g Salz
1 Zweig Thymian
3 Eiweiß (Größe M)
etwa 2 Handvoll Heu (Bioheu aus der Zoohandlung; der Fisch soll ganz davon eingehüllt werden)
1 Eigelb (Größe M)

**Für die Kartoffeln**

6 kleine Kartoffeln (Grenaille bzw. Drillinge)

1. Einen Holzkohlegrill oder den Backofen auf 200 °C (Ober-/Unterhitze) vorheizen und ein Backblech mit Backpapier auslegen. Für den Salzteig das Mehl mit dem Salz vermischen, Thymianblätter vom Zweig zupfen und dazugeben. Zuerst das Eiweiß, dann 100 ml Wasser (oder bei Bedarf mehr) nach und nach unterarbeiten. Den Teig gut verkneten und etwa 1 cm dick ausrollen.
2. Die Forelle waschen, trocken tupfen und mit Salz und Pfeffer würzen. Das Heu auf dem Salzteig verteilen und die Forelle darauflegen. Den Teig mit dem Heu über den Fisch einschlagen und gut verschließen. Mit dem Eigelb bestreichen und auf das Blech legen. Kartoffeln mitsamt Schale waschen und ebenfalls auf das Blech legen. Forelle und Kartoffeln im heißen Ofen (Mitte) 30 Minuten backen. Nach der Garzeit aus dem Ofen nehmen und etwa 5 Minuten ruhen lassen.
3. Den Teig seitlich aufschneiden und abheben. Das Heu entfernen und vom Fisch die Haut abziehen. Das Fleisch lässt sich leicht von den Gräten abheben.
4. Den Joghurt mit den Schnittlauchröllchen verrühren und mit Salz abschmecken. Zum Fisch und den Kartoffeln servieren.

### BACHMEIERS TIPP

*Auch Forellenkaviar passt gut zur Seeforelle im Salzteig.*

### STICHWORT: HEU (IN DER SALZKRUSTE)

*Heu wird häufig verwendet, um Fisch oder Fleisch in der Salzkruste einzuhüllen. Denn es hält den kräftigen Salzgeschmack etwas vom Fisch fern und gibt zusätzlich eigenes Aroma. Kaufen Sie immer Bioheu, idealerweise direkt vom Bauern.*

INSPIRATION ÖSTERREICH

# KRAUTWICKERL VOM ZANDER

## MIT ZWIEBELKRAUT & BEURRE BLANC

### FÜR 4 PERSONEN

**Für die Krautwickerl mit Füllung**

6 Blätter vom jungen Spitzkraut
4 Zanderfilets (ohne Haut; à ca. 200 g)
400 g Sahne
Salz
frisch geriebene Muskatnuss
Pfeffer aus der Mühle

**Für das Zwiebelkraut**

2 große oder 4 kleine Haushaltszwiebeln
30 g Butter · 1 TL Öl
Salz · Pfeffer aus der Mühle
1 Stängel Liebstöckel

**Für die Beurre blanc**

→ Rezept S. 21

1. Für die Krautwickerl die Blätter einige Minuten bissfest blanchieren, in Eiswasser (→ S. 37) abschrecken. Nah aneinander auf einem Küchentuch ausbreiten. Ein zweites Küchentuch darüberlegen, mit dem Nudelholz mit leichtem Druck darüberrollen und das Kraut antrocknen lassen.
2. Für die Füllung von den Fischfilets vorn und hinten je ein Viertel abschneiden, sodass gleichmäßige Filets à etwa 100 g übrig bleiben. Abschnitte in Würfel schneiden und in einem tiefkühlgeeigneten Behälter mit Sahne, Salz und Muskat vermengen. 15 Minuten im Tiefkühlfach anfrieren, dann fein pürieren und durch ein Sieb streichen. Die Fischfarce kalt stellen. Fischfilets salzen, pfeffern und ebenfalls kalt stellen.
3. Für die Wickerl das obere Küchentuch vom Kraut nehmen. Die sogenannte Krautmatte am unteren Ende gerade zuschneiden. Etwa 1 cm Platz lassen, zwei Drittel der Fischfarce 1 Finger dick auf die Krautmatte streichen. Fischfilets mit etwa ½ cm Abstand nebeneinander darauflegen und das Kraut wie einen Strudel vom unteren Ende straff einrollen. Mit einem scharfen Messer überstehende Krautblätter wegschneiden, die Rolle jeweils zwischen den Fischfilets durchschneiden.
4. Jedes der 4 Krautwickerl straff in Frischhaltefolie, dann in Alufolie wickeln. Einen Dampfgarer auf 90 °C Dampf einschalten, die Wickerl in etwa 20 Minuten garen. (Alternativ in einem Topf Wasser aufkochen. Krautwickerl einlegen, das Wasser noch einmal aufkochen, den Topf von der Hitze nehmen und die Wickerl zugedeckt 20 Minuten ziehen lassen.) Herausnehmen und 5 Minuten in der Folie ruhen lassen.
5. Für das Zwiebelkraut die Zwiebeln schälen, vom Strunk befreien und in feine Ringe schneiden. In einer Stielkasserolle Butter und Öl aufschäumen (→ S. 34). Zwiebeln darin unter ständigem Rühren anbräunen, dann erst salzen und pfeffern. Liebstöckel waschen und trocken schütteln, die Blätter abzupfen, grob hacken und zu den Zwiebeln geben.
6. Beurre blanc zubereiten, wie auf → S. 21 beschrieben. Zu einem Spiegel verstreichen, die Krautwickerl und das Zwiebelkraut darauf anrichten.

# ZANDER

## MIT MAIRÜBCHEN & ROTER BUTTERSAUCE

### FÜR 4 PERSONEN

**Für den Zander**

4 Zanderfilets (mit Haut; à ca. 150 g), geschuppt

Salz • Öl

30 g kalte Butter

je 1 Zweig Rosmarin und Thymian

1 angeknackste ungeschälte Knoblauchzehe (→ S. 41)

1 TL Salzkapern (nach Belieben)

**Für die Mairübchen**

24 kleine Kartoffeln (Grenaille bzw. Drillinge)

Salz

4 mittelgroße Mairübchen (Navetten), mit Blättern

30 g Butter

6 EL Gemüsebrühe

Pfeffer aus der Mühle

Cayennepfeffer

1 EL Schnittlauchröllchen

**Für die rote Buttersauce**

250 ml Rotwein

250 ml Portwein • 1 TL Zucker

1 TL Speisestärke

100 g Butter

Salz • Pfeffer aus der Mühle

1. Die Kartoffeln waschen und in Salzwasser bissfest kochen. Herausnehmen, kurz in kaltem Wasser abschrecken und schälen.

2. Die Mairübchen putzen und waschen, die kleinen, feinen grünen Blätter beiseitelegen. Rübchen schälen, achteln und in sprudelndem Salzwasser bissfest blanchieren.

3. In einer Stielkasserolle die Butter aufschäumen (→ S. 34). Die Mairübchen und die Kartoffeln hineingeben und andünsten, dann mit der Gemüsebrühe ablöschen und cremig einkochen. Mit Salz, Pfeffer und Cayennepfeffer abschmecken.

4. Für die Rotweinbuttersauce den Rotwein und den Portwein mit dem Zucker aufkochen und auf ein Drittel reduzieren. Die Speisestärke mit etwas Wasser anrühren und den reduzierten Wein damit abbinden. Die Butter lauwarm nach und nach in den Rotwein einrühren. Mit Salz und Pfeffer würzen. Die Sauce lauwarm bis zum Anrichten aufbewahren.

5. Den Zander auf der Hautseite mit einem scharfen Messer einritzen und mit Salz würzen. In einer beschichteten Pfanne 1 EL Öl erhitzen, den Zander darin auf der Hautseite mit Farbe anbraten; dabei mit einem Teller beschweren, damit die Haut flach auf dem Pfannenboden bleibt. Nach etwa 4 Minuten den Zander wenden, kalte Butter mit in die Pfanne geben, Kräuter und Knoblauchzehe dazulegen. Den Fisch immer wieder mit der Butter übergießen, bis er fertig gegart ist.

6. Die Kapern gegebenenfalls in etwas heißem Öl frittieren, dann auf Küchenpapier entfetten.

7. Zum Servieren die Rübchen mit den Kartoffeln in vorgewärmten tiefen Tellern anrichten. Die Rotweinbutter über die Rübchen geben, den Schnittlauch darüberstreuen und den Zander darauf anrichten. Die Teller mit den kleinen Blättern der Mairübchen garnieren.

INSPIRATION USA

# LACHSFORELLE

## AUF DER HOLZPLANKE GERÄUCHERT

### FÜR 4 PERSONEN

2 ganze küchenfertige Lachsforellen (à ca. 600 g)
Salz • Pfeffer aus der Mühle
2 Zweige Rosmarin
2 Zweige Thymian
2 Stängel Petersilie
2 angeknackste ungeschälte Knoblauchzehen (→ S. 41)
1 Bio-Zitrone, in 4 Scheiben geschnitten
2 Holzplanken (vorzugsweise aus Kirschholz)

**Für die Dill-Senfgurken**
1 EL Senfkörner
200 ml Wasser
100 ml Weißwein
5 cl milder Weißweinessig
1 EL süßer Senf (Weißwurstsenf)
1 TL Dijon-Senf
5 cl Olivenöl
Pfeffer aus der Mühle • Salz
Zucker
4 kleine Gartengurken
1 EL gehackter Dill

1. 1 Stunde vor dem Grillen die Holzplanken in reichlich Wasser gut einweichen.
2. Für die Dill-Senfgurken 200ml Wasser und den Weißwein aufkochen, die Senfkörner hineingeben und weich köcheln lassen. Den Sud mit Weißweinessig, süßem Senf, Dijon-Senf, Olivenöl, Pfeffer, Salz und Zucker abschmecken.
3. Die Gurken schälen, der Länge nach vierteln, Kerne herausschneiden und Gurken in 1 cm dicke Scheiben schneiden. In einem Topf Salzwasser sprudelnd aufkochen. Die Gurken darin kurz blanchieren, herausnehmen und lauwarm abspülen. Mit der Senfvinaigrette und 1 TL gehacktem Dill marinieren.
4. Die Lachsforellen waschen und sauber putzen. Den Bauchraum mit Salz und Pfeffer würzen, Rosmarin, Thymian, Petersilie und Knoblauch hineinlegen. 2 Zitronenscheiben halbieren und ebenfalls in den Bauchraum legen.
5. Den Grill auf etwa 160 °C vorheizen. Die Holzplanke direkt auf den Rost legen und etwa 5 Minuten anheizen. Die Fische auf die Holzplanke legen und indirekt etwa 25 Minuten bei geschlossenem Deckel garen. Dann herausnehmen und kurz ruhen lassen. Vorsichtig die Haut abziehen und das Fleisch von den Gräten lösen.
6. Zum Servieren die Senfgurken auf einen Teller legen und die geräucherten Fischstücke dazwischen anrichten. Mit dem übrigen gehackten Dill bestreuen und mit den restlichen halbierten Zitronenscheiben garnieren.

# STECKERLFISCH

## MIT KARTOFFEL-GURKEN-SALAT

### FÜR 2 PERSONEN

**Für die Steckerlfische**

100 ml Olivenöl

je 1 Prise Paprikapulver, Cayennepfeffer, Senfmehl, gemahlener Ingwer, Knoblauchpulver

½ Bio-Zitrone

Salz • Pfeffer aus der Mühle

1 frische Lachsforelle und 1 frische Makrele (küchenfertig vom Fischhändler)

2 Holzspieße (für Steckerlfisch)

**Für den Kartoffelsalat**

200 g festkochende Kartoffeln

Kümmel • 1 Lorbeerblatt

1 Stängel Petersilie • Salz

40 ml Pflanzenöl

1 Scheibe geräuchertes Wammerl (Schweinebauch)

50 g gewürfelte Zwiebeln

1 EL Zucker • 1 EL Weinessig

1 TL Dijon-Senf

weißer Pfeffer aus der Mühle

125 ml Gemüsebrühe

1 Stängel Liebstöckel

½ Salatgurke

1 kleines Bund Schnittlauch

2 Radieserl

1. 2–3 Stunden vor dem Verwenden die Holzspieße in Wasser einweichen.

2. Den Holzkohlegrill erhitzen, bis die Kohle glüht. (Man kann auch einen Gasgrill verwenden; Holzkohle sorgt jedoch für besseres Aroma.) Für den Kartoffelsalat die Kartoffeln waschen und mit 1 Prise Kümmel, Lorbeer, Petersilie und 1 EL Salz in einen Topf geben. Mit Wasser bedecken, aufkochen und weich garen. Wasser abgießen, Kartoffeln schälen und noch lauwarm in eine Schüssel in Scheiben schneiden.

3. In einer Pfanne das Pflanzenöl erhitzen, das Wammerl darin anbraten. Zwiebeln zugeben, mit dem Zucker karamellisieren, mit Essig ablöschen. Senf dazugeben, mit Salz und Pfeffer pikant abschmecken. Gemüsebrühe angießen, ½ Stängel Liebstöckel einlegen und die Brühe leicht reduzieren. Als Dressing durch ein Sieb über die Kartoffeln gießen und vorsichtig untermischen, sodass die Kartoffelscheiben nicht zerfallen. Den übrigen ½ Stängel Liebstöckel einlegen, ziehen lassen.



4. Die Gurke waschen und mit einem Gemüsehobel in Scheiben in den Kartoffelsalat hobeln, vorsichtig unterheben. Bei Bedarf mit Salz, Zucker und Pfeffer nachschmecken. Schnittlauch und Radieserl waschen und putzen, den Schnittlauch in Röllchen, die Radieserl in Stifte schneiden. Beides als Garnitur auf dem Salat verteilen.

5. Für die Steckerlfische das Olivenöl mit den Gewürzen verrühren. Zitronenschale abreiben und dazugeben, salzen und pfeffern. Lachsforelle und Makrele innen und außen waschen und trocken tupfen. Innen und außen mit Salz und Pfeffer würzen. Die Spieße vom Kopf durch den Rachen an der Rückengräte entlang durch die Fische stecken. Fische gut mit dem Gewürzöl einpinseln und etwa 30 Minuten marinieren.

6. Die Fische auf den oberen Rand des Grills legen, sodass der Abstand zur Kohle 20–30 cm beträgt (sie sollen langsam garen). Sie sind fertig, wenn sich der Spieß locker herausziehen lässt, ohne dass Fleisch daran kleben bleibt. Fische filetieren, mit Kartoffel-Gurken-Salat servieren.

# FISH & CHIPS

## MIT SALT & VINEGAR UND MUSHY PEAS

### FÜR 4 PERSONEN

**Für die Pommes frites (Chips)**

850 g große mehligkochende Kartoffeln
2 l Öl zum Frittieren

**Für das Erbsenmus (Mushy Peas)**

6 Stängel Minze
1 EL Butter
250 g TK-Erbsen, aufgetaut
2–3 TL Zitronensaft
Meersalz
schwarzer Pfeffer aus der Mühle

**Für den Kabeljau (Fish)**

700 g Kabeljaufilet
Salz • Pfeffer aus der Mühle
375 g Mehl
3 gehäufte TL Backpulver
300 ml kaltes helles Bier
Malzessig

1. Die Kartoffeln schälen und der Länge nach in etwa 1 cm dicke Stäbchen schneiden. Die Hälfte des Frittieröls in einem hohen Topf oder einer Fritteuse auf 120 °C erhitzen. Die Kartoffeln darin portionsweise je etwa 8 Minuten farblos vorfrittieren. Herausnehmen und auf Küchenpapier abtropfen lassen.

2. Für das Erbsenmus die Minze waschen und trocken schütteln, die Blätter von den Stängeln zupfen und fein hacken. In einem Topf die Butter aufschäumen (→ S. 34), Erbsen und Minzeblätter darin etwa 10 Minuten bei schwacher Hitze dünsten und leicht stückig pürieren. Das Erbsenmus mit Zitronensaft, Salz und Pfeffer abschmecken, eventuell mit etwas Wasser geschmeidig rühren. Bei sehr schwacher Hitze warm halten.

3. Das Frittieröl für die Pommes jetzt auf 175 °C erhitzen. In einem zweiten Topf – für den Fisch – das übrige Frittieröl ebenfalls auf 175 °C erhitzen. Den Backofen auf 160 °C (Ober-/Unterhitze; Umluft 140 °C) vorheizen, ein Blech mit Backpapier auslegen.

4. Das Kabeljaufilet in 4 gleich große Stücke schneiden. 2 gehäufte TL Salz mit 2 TL frisch gemahlenem Pfeffer vermischen, den Fisch damit auf beiden Seiten einreiben. Für den Bierteig in einer Schüssel 225 g Mehl mit dem Backpulver vermischen. Das Bier mit einem Schneebesen glatt unterrühren. Das übrige Mehl auf einem Teller verteilen, den Kabeljau darin wenden, portionsweise in den Bierteig tauchen, abtropfen lassen und einzeln jeweils etwa 4 Minuten rundum goldbraun frittieren. Im Backofen auf Backpapier warm halten.

5. Die Pommes portionsweise im heißen Fett in 3–4 Minuten fertigfrittieren, bis sie knusprig goldbraun sind. Auf Küchenpapier abtropfen lassen und salzen.

6. Den Fisch mit Malzessig würzen und mit den Mushy Peas und den Pommes servieren.

INSPIRATION ASIEN

# MIESMUSCHELN

## IM CURRYSUD MIT PAK CHOI

### FÜR 2 PERSONEN

1 kg Miesmuscheln (z. B. Bouchot)
2 Pak Choi (Chinesischer Senfkohl)
1 Frühlingszwiebel
1 Stange Zitronengras
1 Schalotte
1 Süßkartoffel
1 EL Pflanzenöl
1 mittelgroße angeknackste ungeschälte Knoblauchzehe (→ S. 41)
1 TL gelbe Currypaste
1 TL Madras-Currypulver
100 ml Weißwein
250 ml Kokosmilch
200 ml Gemüsebrühe (alternativ Wasser)
½ Chilischote
1 Bio-Limette
je 2 Stängel Thaibasilikum und Koriandergrün

1. Die Miesmuscheln unter fließendem kaltem Wasser gründlich abbürsten und den Bart entfernen; bereits geöffnete Muscheln entsorgen.
2. Den Pak Choi waschen, trocken schleudern und die Stiele klein schneiden. Die Blätter getrennt beiseitelegen. Die Frühlingszwiebel waschen, putzen und in etwa ½ cm breite Röllchen schneiden. Vom Zitronengras den Ansatz abschneiden und das dicke Ende mit dem Messerrücken flach klopfen. Die Schalotte schälen und in feine Würfel schneiden. Süßkartoffel schälen und in ½ cm große Würfel schneiden.
3. Das Öl in einem Topf erhitzen, Schalottenwürfel, Pak-Choi-Stiele und Süßkartoffel darin ohne Farbe anschwitzen. Die Knoblauchzehe mit dazugeben. Die Currypaste ebenfalls dazugeben und anrösten. Mit Currypulver bestreuen und mit dem Weißwein ablöschen. Kokosmilch und Gemüsebrühe (oder Wasser) zugießen, Chili und Zitronengras dazugeben. In etwa 15 Minuten die Süßkartoffelstücke weich kochen.
4. Die Muscheln in den Topf geben und einen Deckel auflegen. 8–10 Minuten köcheln lassen; dabei den Topf ab und zu etwas rütteln, damit sich die Muscheln gleichmäßig öffnen.
5. Mit einer Reibe die Limettenschale in den Sud reiben. Die Limette weich rollen, auspressen und den Saft zu den Muscheln gießen. Pak-Choi-Blätter und Frühlingszwiebelröllchen ebenfalls zu den Muscheln geben und durchschwenken.
6. Die Kräuter waschen und trocken schütteln, die Blätter abzupfen und über die Muscheln streuen. Im Topf oder einer tiefen Schüssel servieren. (Muscheln, die sich nicht geöffnet haben, entsorgen.)

LA COCOTTE
STAUB
STAUB

# VEGETARISCH

# SELLERIESCHNITZERL

## MIT RADICCHIOMARMELADE & SELLERIESTROH

**FÜR 4 PERSONEN**

2 kleine Knollen Sellerie
Salz • 2 EL Mehl
2 Eier (Größe M)
100 g Semmelbrösel
100 g Butterschmalz
Pfeffer aus der Mühle
frisch geriebene Muskatnuss
Sellerieblätter und Zitronenachterl, zum Garnieren

**Für das Selleriestroh**

100 g geschälter Knollensellerie
Öl zum Frittieren
1 EL Mehl • Salz

**Für die Radicchiomarmelade**

350 g Radicchio
50 g Schalotten
20 ml Olivenöl
200 ml Portwein
200 ml Rotwein
200 ml roter Traubensaft
100 g Gelierzucker 1:2
1 EL Aceto balsamico
Salz • Cayennepfeffer

1. Die beiden Sellerieknollen waschen und in Salzwasser etwa 40 Minuten kochen. In kaltes Wasser legen, herausnehmen und auskühlen lassen. Schälen und in etwa ½ cm dicke Scheiben schneiden, mit Küchenpapier trocken tupfen.

2. Das Mehl, die verquirlten Eier und die Semmelbrösel jeweils separat auf einen Teller geben. Die Selleriescheiben zuerst im Mehl wenden, überschüssiges Mehl sauber abschütteln. Danach die Scheiben in den Eiern und zuletzt in den Semmelbröseln wenden. Die Brösel nur ganz leicht andrücken.

3. In einer Pfanne das Butterschmalz erhitzen. Die Schnitzel einlegen und die Pfanne schwenken, bis die Panade souffliert, also luftig aufgeht und Wellen wirft. Schnitzel umdrehen, die Panade auch auf der anderen Seite unter Schwenken der Pfanne backen. Herausnehmen und auf Küchenpapier abtropfen lassen.

4. Für das Selleriestroh den Sellerie in dünne Scheiben hobeln, diese in feine Streifen schneiden. Das Frittieröl in einer Pfanne auf 170 °C erhitzen. Selleriestreifen mit dem Mehl bestäuben und im Öl frittieren. Aus der Pfanne nehmen und auf Küchenpapier abtropfen lassen. Mit Salz würzen.

5. Für die Marmelade Radicchio und Schalotten im Olivenöl anschwitzen, mit den Weinen und dem Traubensaft ablöschen. Den Gelierzucker dazugeben und alles einkochen lassen. Wenn fast keine Flüssigkeit mehr vorhanden ist, grob mixen. Balsamico einrühren und mit Salz und Cayennepfeffer abschmecken.

6. Die Sellerieschnitzerl auf vier Teller verteilen. Die Marmelade daneben anrichten und das Selleriestroh auf die Schnitzerl geben. Die Sellerieblätter in das Stroh stecken und die Zitronenspalten dazureichen.

# BLUMENKOHL

## MIT BRÖSELBUTTER & KERNÖL-MAYONNAISE

**FÜR 2–4 PERSONEN (je nach Größe des Blumenkohls)**

1 Blumenkohl · Salz
2 Lorbeerblätter
2 EL gehackte Kürbiskerne
1 EL Schnittlauchröllchen

**Für die Bröselbutter**

2 hart gekochte Eier (Größe M)
100 g Butter
100 g Semmelbrösel
30 g Salzkapern, eingeweicht
Pfeffer aus der Mühle

**Für die Mayonnaise**

1 Eigelb (Größe M)
1 Ei (Größe M)
1 EL Senf
400 ml Pflanzenöl
200 ml Kürbiskernöl
Salz · Zucker
Cayennepfeffer

1. Für den Blumenkohl die grünen Blätter vom Strunk schneiden. Den Strunk kreuzweise einschneiden, den Blumenkohl etwa 10 Minuten in Salzwasser legen. In einem großen Topf Wasser aufkochen, leicht salzen und den Lorbeer einlegen. Den Blumenkohl darin (je nach Größe) in 15–20 Minuten bissfest garen und danach im Wasser ziehen lassen.
2. Für die Bröselbutter die beiden Eier schälen. Eiweiße fein hacken, Eigelbe beiseitelegen. In einer beschichteten Pfanne die Butter aufschäumen (→ S. 34), die Brösel einstreuen und rösten. Kapern hacken und mit dem Eiweiß zu den Bröseln geben. Mit Pfeffer abschmecken.
3. Für die Mayonnaise die Eier, Senf und die beiden Öle in ein hohes Behältnis füllen und etwa 10 Minuten stehen lassen, damit sich die Temperaturen angleichen können.
4. Einen Stabmixer auf den Boden des Gefäßes stellen und einschalten. Auf mittlerer Stufe pürieren, dann den Stabmixer langsam von unten nach oben ziehen, bis die Mayonnaise abgebunden hat. Mit etwas Kochwasser vom Blumenkohl auf die gewünschte Konsistenz bringen und mit Salz, Zucker und Cayennepfeffer abschmecken.
5. Blumenkohl aus dem Wasser heben und abtropfen lassen, halbieren oder vierteln und auf Tellern anrichten. Mit der Bröselbutter beträufeln, mit Kürbiskernen und zerbröseltem Eigelb bestreuen. Die Mayonnaise auf die Teller geben. Alles mit dem Schnittlauch garnieren.

### BACHMEIERS TIPP

*Zu Grillfleisch passt **Geräucherte Paprika-Mayonnaise:** Grillen Sie zusätzlich 6 rote Paprikaschoten im Ganzen weich. Schälen, halbieren, abkühlen lassen. Am Ende im Standmixer pürieren, die fertige Mayonnaise einlaufen lassen, glatt pürieren und durch ein Sieb streichen. Reicht für 8–10 Personen. Übrige Mayonnaise hält sich gut verschlossen im Kühlschrank 2–3 Tage.*

# ERBSENRISOTTO

## MIT ARTISCHOCKEN

### FÜR 4 PERSONEN

- 8 kleine Artischocken
- Saft von ½ Zitrone
- 1 Knoblauchzehe
- 1 Schalotte
- Olivenöl zum Braten
- 200 g grüne Erbsen (frisch oder tiefgekühlt und aufgetaut)
- 240 g Carnaroli-Reis
- 100 ml Weißwein
- 1 l Gemüsebrühe
- 80 g kalte Butter
- 50 g frisch geriebener Parmesan
- Salz • Pfeffer aus der Mühle
- Cayennepfeffer
- Olivenöl
- Kresse oder Rucola, zum Garnieren

1. Die Artischocken putzen, halbieren und das Heu mit einem Kugelausstecher entfernen. Die Artischocken vierteln. Den Zitronensaft in ausreichend Wasser geben und die Artischocken bis zur Verwendung darin einlegen.
2. Knoblauch und Schalotte schälen und fein würfeln. In einer Schmorpfanne oder einer Stielkasserolle etwas Olivenöl erhitzen. 100 g Erbsen sowie Artischocken, Schalotten und Knoblauch hineingeben und ohne Farbe andünsten. Dann den Reis dazugeben und kurz mitdünsten. Mit dem Weißwein ablöschen und einköcheln lassen.
3. In einem anderen Topf die Gemüsebrühe zum Sieden bringen (→ Tipp). Den Risotto nach und nach bei mittlerer Hitze mit der Brühe aufgießen, bis der Reis die gewünschte Konsistenz hat.
4. Die restlichen 100 g Erbsen mit 1 Schöpflöffel Gemüsebrühe vermengen, fein pürieren und unter den Reis mischen. Reis noch einmal aufkochen. Die kalte Butter einrühren, den Parmesan einstreuen und unterrühren. Den Risotto mit Salz, Pfeffer, Cayennepfeffer und etwas Olivenöl abschmecken.
5. Den Risotto in vier tiefen Tellern anrichten. Kresse oder Rucola verlesen, waschen und trocken schleudern. Locker den Reis damit garnieren und servieren.

### BACHMEIERS TIPP

*Bei der Zubereitung von **Risotto** ist es wichtig, dass der Risotto die gleiche Temperatur hat wie die Brühe, mit der er aufgegossen wird (hier in Schritt 3). So garen die Reiskörner gleichmäßig und der Risotto wird schön cremig.*

# SPARGELPFANNKUCHEN

## MIT BÄRLAUCH & PARMESANSAUCE

### FÜR 4 PERSONEN

**Für den Teig**

50 g kalte Butter
125 g Mehl
300 ml Milch
3 Eier (Größe S) • Salz
frisch geriebene Muskatnuss
4 EL Butterschmalz zum Ausbacken

**Für die Füllung**

16 schöne Bärlauchblätter
12 Stangen gekochter weißer Spargel (→ S. 48)
8 Stangen gekochter grüner Spargel (→ S. 48)
100 g fein geriebener Parmesan
2 Eier (Größe M)
2 EL Sahne

**Für die Parmesansauce**

200 g Sahne
30 g Butter
150 g fein geriebener Parmesan
Pfeffer aus der Mühle

1. Für den Teig die Butter klein schneiden und in einem Topf bei mittlerer Hitze zerlassen. Hitze erhöhen, die Butter unter ständigem Rühren braun werden lassen; die Molke soll sich nicht vom Butterschmalz trennen. Wenn die Butter braun und nussig ist, beiseitestellen und abkühlen lassen. In einer Schüssel mit einem Schneebesen Mehl und Milch verquirlen. Eier und abgekühlte Nussbutter zugeben, mit 1 Prise Salz und Muskat würzen. Glatt rühren und 30 Minuten ruhen lassen.

2. In einer beschichteten Pfanne (ca. 24 cm Ø) 2 EL Butterschmalz erhitzen und die Pfannkuchen darin dünn ausbacken. Pfannkuchen auf einen umgedrehten Teller schichten und auskühlen lassen.

3. Den Backofen auf 160 °C (Umluft) vorheizen. Für die Füllung je 4 Bärlauchblätter auf einem Brett leicht überlappend auslegen. 3 Stangen weißen und 2 Stangen grünen Spargel darauflegen und fest einrollen.

4. Den Parmesan mit den Eiern und der Sahne kräftig verquirlen. Die Spargelröllchen darin wälzen und fest in einen Pfannkuchen einrollen. Die Pfannkuchenröllchen ebenfalls in der Parmesanmischung wälzen, dann im übrigen Butterschmalz goldgelb ausbacken. Aus der Pfanne nehmen und im heißen Ofen (Mitte) 15 Minuten backen.

5. Für die Parmesansauce die Sahne mit der Butter erwärmen, Parmesan einrühren und mit Pfeffer abschmecken. Die gebackenen Pfannkuchenröllchen auf vier Teller verteilen, mit Parmesansauce übergießen.

### BACHMEIERS TIPP

*Wer sich nicht streng vegetarisch ernährt, dem schmeckt auch die* ***Variante mit Parmaschinken:*** *Dafür pro Pfannkuchen unter dem Bärlauch noch je 2 Scheiben Parmaschinken leicht überlappend auf dem Brett auslegen und mit einrollen.*

INSPIRATION ÖSTERREICH

# KRAUTFLECKERL

## MIT MARINIERTER RINGELBETE

**FÜR 4 PERSONEN**

**Für den Teig**

8 Eigelb (Größe M)
350 g Weizendunst (→ **S. 33**; alternativ Hartweizengrieß oder Mehl Type 550)
Salz • Pfeffer aus der Mühle

**Für das Kraut**

500 g geputztes junges Spitzkraut
1 Zwiebel
1 EL Zucker
60 g Butter
100 ml Weißwein
5 cl Weißweinessig
250 ml Gemüsebrühe
gemahlener Kümmel
½ TL ganzer Kümmel

**Für die marinierte Ringelbete**

1 kleine Ringelbete (Tonda di Chioggia)
Salz • 1 Spritzer Weinessig
2 EL Olivenöl
Pfeffer aus der Mühle

1. Für den Teig die Eigelbe mit 175 g Mehl vermengen, etwas Salz hinzugeben und das restliche Mehl unterarbeiten. Den Teig mit Folie bedecken und 1 Stunde kalt stellen. Danach den Teig etwa 2 mm dick ausrollen und mithilfe eines Messers oder Teigrads in Rauten schneiden.

2. Die Ringelbete schälen und mit einem Gemüsehobel in dünne Scheiben hobeln. Salzen, mit Essig und Olivenöl marinieren. Mit Pfeffer übermahlen und ziehen lassen.

3. Für das Kraut das Spitzkraut ebenfalls in Rauten schneiden. Die Zwiebel schälen und in Würfel schneiden. In einem Topf den Zucker karamellisieren, Zwiebel und Spitzkraut dazugeben. Die Butter ebenfalls hinzufügen, mit Weißwein und Essig ablöschen. Mit der Brühe aufgießen, 1 Prise gemahlenen Kümmel dazugeben und alles sämig einkochen, bis fast keine Flüssigkeit mehr übrig ist.

4. In einem Topf Salzwasser zum Kochen bringen, die Nudelfleckerl hineingeben und bissfest kochen. Mit einer Schaumkelle herausnehmen und zum Kraut geben. Alles gut durchschwenken und nochmals mit Salz und Pfeffer abschmecken.

5. Die Krautfleckerl auf vier tiefe Teller verteilen, mit den marinierten Beten garnieren und mit den ganzen Kümmelkörnern bestreuen.

# GEFÜLLTE PAPRIKAKNÖDEL

## MIT ZIEGENFRISCHKÄSE

### FÜR 4 PERSONEN

**Für den Teig**

600 g mehligkochende Kartoffeln
1 Ei (Größe M)
75 g Speisestärke • 75 g Mehl
50 g weiche Butter

**Für die Paprikafüllung**

2 rote Paprikaschoten
2 rote Zwiebeln
½ Chilischote
Olivenöl • Zucker
50 ml Rotweinessig
50 ml Portwein
1 TL Paprikapulver
Salz • Pfeffer aus der Mühle

**Für den Ziegenfrischkäse**

200 g Ziegenfrischkäse
1 EL Olivenöl
Salz • Chilipulver

**Für die Petersilien-Salbei-Butter**

5 Salbeiblätter
2 Stängel Petersilie
100 g Butter
50 g Semmelbrösel (oder Pankomehl)

1. Den Backofen auf 160 °C (Umluft) vorheizen. Ein Blech mit Backpapier auslegen. Für den Teig die Kartoffeln waschen und im heißen Ofen (Mitte) backen. Herausnehmen, noch heiß schälen und durch eine Kartoffelpresse in eine Schüssel drücken. Ei, Speisestärke, Mehl und die Butter dazugeben, alles kräftig verkneten. Den Kartoffelteig zu einer Rolle formen und in etwa 1 cm dicke Scheiben schneiden.
2. Für die Paprikafüllung die Paprikaschoten halbieren, von Strunk und Kernen befreien, waschen und in grobe Würfel schneiden. Zwiebeln schälen, Strunk entfernen und die Zwiebeln ebenfalls in grobe Würfel schneiden. Chilischote waschen und entkernen, fein hacken.
3. In einer Stielkasserolle Olivenöl erhitzen, Zwiebel und Paprika darin anschwitzen. Mit etwas Zucker karamellisieren, mit Essig und Portwein ablöschen. Chilischote und Paprikapulver dazugeben und das Gemüse sehr weich und trocken einkochen lassen. Mit Salz und Pfeffer abschmecken und auskühlen lassen.
4. Jeweils 1 TL Paprikafüllung auf die Kartoffelscheiben geben und daraus Knödel formen. In einem Topf Salzwasser aufkochen, die Knödel hineingeben, das Wasser nochmals aufkochen lassen, dann von der Hitze nehmen und die Knödel etwa 15 Minuten ziehen lassen.
5. Den Ziegenfrischkäse mit Olivenöl vermengen und mit Salz und Chilipulver abschmecken.
6. Für die Petersilien-Salbei-Butter die Kräuter waschen und trocken tupfen, Petersilienblätter von den Stängeln zupfen und wie den Salbei hacken. In einem Topf die Butter aufschäumen (→ S. 34). Semmelbrösel einstreuen und anbräunen. Petersilie und Salbei zugeben, warm stellen.
7. Zum Servieren den Frischkäse in tiefen Tellern verstreichen. Knödel aus dem Wasser nehmen, auf Küchenpapier abtropfen lassen und auf dem Frischkäse anrichten. Mit der Kräuterbutter beträufeln.

INSPIRATION ASIEN

# KÜRBIS-CURRY

## MIT SÜSSKARTOFFEL & ROSENKOHL

**FÜR 4 PERSONEN**

12 Rosenkohlröschen
1 kleiner Romanesco
Salz
150 g geputzter Hokkaido-Kürbis
150 g geschälte Süßkartoffeln
150 g geputzte Aubergine
2 Schalotten
2 EL rote Currypaste (oder nach Geschmack)
2 EL Pflanzenöl
2 EL Sesamöl
400 ml Kokosmilch
Pfeffer aus der Mühle
150 g eingelegter Kürbis (→ S. 19)
40 g Cashewkerne
Zucker
2 Stängel Koriandergrün

1. Vom Rosenkohl die äußeren Blätter abtrennen und mit den Rosenkohlherzen beiseitelegen. Den Romanesco in Röschen zerteilen. In einem Topf Salzwasser zum Kochen bringen; darin zuerst die Rosenkohlherzen, dann den Romanesco und danach die Rosenkohlblätter bissfest blanchieren. Das Kochwasser aufheben.

2. Den Hokkaido-Kürbis auf der groben Seite einer Küchenreibe reiben. Die Süßkartoffeln und die Aubergine in etwa 1 cm große Würfel schneiden. Die Schalotten schälen und in Streifen schneiden.

3. In einem flachen Topf 1 EL Pflanzenöl und 1 EL Sesamöl erhitzen, 2 EL rote Currypaste (wer es schärfer mag, gern etwas mehr) darin anbraten. Den geraspelten Kürbis dazugeben und weiter anbraten. Mit 100 ml vom beiseitegestellten Kochwasser ablöschen, mit der Kokosmilch aufgießen und in etwa 5 Minuten weich garen. Den Curry-Ansatz in einen Mixer geben, fein pürieren und zurück in den Topf gießen. Die Süßkartoffelwürfel zum Ansatz geben und darin köcheln lassen.

4. In einem anderen Topf 1 EL Pflanzen- und 1 EL Sesamöl erhitzen, die Auberginen darin anbraten, mit Salz und Pfeffer würzen. Die Schalotten dazugeben und andünsten. Zum Kürbis und den Süßkartoffeln geben. Das Curry sämig kochen, bei Bedarf mit etwas Salz und Pfeffer würzen. Den eingelegten Muskatkürbis, Romanesco und Rosenkohlherzen dazugeben und langsam einkochen.

5. In einer Pfanne etwas Öl erhitzen. Cashewkerne zusammen mit den Rosenkohlblättern anrösten. Mit dem Zucker leicht glasieren und beiseitestellen. Koriandergrün waschen und trocken schütteln, die Blätter von den Stängeln zupfen und mit in die Pfanne geben.

6. Das Kürbis-Curry auf vier Teller verteilen. Mit Cashewkernen, Rosenkohl- und Korianderblättern bestreuen.

INSPIRATION FRANKREICH

# SCHWARZWURZELAUFLAUF

## MIT KARTOFFELPÜREE & ORANGEN

### FÜR 4 PERSONEN

100 ml Milch
4 Stangen Schwarzwurzeln
1 Bio-Orange
60 g Butter + Butter für die Auflaufform
½ TL Zucker
200 g Sahne • Salz
frisch geriebene Muskatnuss
1 Knoblauchzehe
Pfeffer aus der Mühle
40 g Semmelbrösel

**Für das Kartoffelpüree**

200 g mehligkochende Kartoffeln
Salz • 1 Stängel Petersilie
1 EL Kümmel
120 g zimmerwarme Butter
250 ml Milch
frisch geriebene Muskatnuss

1. Die Milch mit der gleichen Menge Wasser mischen. Schwarzwurzeln schälen (Handschuhe anziehen, die Schwarzwurzeln färben ab), in 1–2 cm dicke Scheiben schneiden und in das Milchwasser einlegen, damit sie nicht braun werden.

2. Von der Bio-Orange dünn die Schale abreiben. In einem Topf 30 g Butter aufschäumen (→ S. 34). Die Schwarzwurzeln aus dem Milchwasser nehmen, in der Butter anbraten und mit dem Zucker karamellisieren. Mit Sahne ablöschen und den Orangenabrieb dazugeben. Mit Salz und Muskat würzen. Schwarzwurzeln cremig und bissfest einkochen.

3. Den Knoblauch schälen. Eine Auflaufform zuerst mit Knoblauch und dann mit Butter ausstreichen. Mit Salz und Pfeffer würzen. Die gegarten Schwarzwurzeln in der Auflaufform verteilen. Die abgeriebene Orange schälen, mit einem scharfen Messer die Filets auslösen und zwischen die Schwarzwurzeln legen.

4. Für das Kartoffelpüree die Kartoffeln waschen und in einen Topf geben, mit kaltem Wasser bedecken. Salzen, Petersilie und Kümmel zugeben und das Wasser zum Kochen bringen. Die Kartoffeln darin in 20–25 Minuten weich garen. Den Backofen auf 180 °C (Ober-/Unterhitze) vorheizen.

5. Die gegarten Kartoffeln etwas abkühlen lassen, dann schälen und in eine Schüssel pressen. Mit einem Holzlöffel die Butter nach und nach einarbeiten. Die Milch aufkochen und ebenfalls langsam nach und nach einarbeiten. Mit Salz und Muskat abschmecken.

6. Das Kartoffelpüree auf den Schwarzwurzeln verstreichen. Aus der restlichen Butter Flocken herstellen und mit den Semmelbröseln auf dem Püree verteilen. Den Auflauf im heißen Backofen (Mitte) in 30 Minuten goldgelb überbacken.

INSPIRATION FRANKREICH

# SCHWAMMERLRAGOUT

## MIT LAUCH-KARTOFFEL-ROULADE

### FÜR 4 PERSONEN

Salz • Pfeffer aus der Mühle
frisch geriebene Muskatnuss
Cayennepfeffer

**Für den Rouladenteig**

500 g mehligkochende Kartoffeln • 1 Ei (Größe M)
150 g Mehl + ggf. mehr
Kartoffelstärke (nach Bedarf)

**Für die Füllung**

1 kleine Zwiebel
1 Stange Lauch
1 Stängel Estragon
150 g Butter
1 angeknackste ungeschälte Knoblauchzehe (→ S. 41)
5 cl Sahne • 2 Eier (Größe M)

**Für das Schwammerlragout**

100 g Pfifferlinge
100 g Steinpilze
100 g heimische Speisepilze (z. B. Maroni, Reizker ...)
1 kleines Bund Petersilie
1 Schalotte • 2 EL Butter
1 EL Mehl
1 Spritzer Essig (Altmeister)
100 ml Gemüsebrühe
150 g Sahne

1. Für den Rouladenteig Kartoffeln schälen, in Salzwasser weich garen, durch eine Presse drücken und ausdampfen lassen. Dann mit Ei, Mehl und 1 Prise Salz zu einem festen Teig verarbeiten; bei Bedarf etwas Kartoffelstärke und mehr Mehl verwenden. Den Teig (nicht zu dünn) in 4 gleiche Rechtecke ausrollen, jedes auf ein Stück Frischhaltefolie legen.
2. Für die Füllung Zwiebel schälen und in feine Würfel schneiden. Lauch putzen, waschen und in feine Ringe schneiden. Estragonblätter abzupfen und grob hacken. 100 g Butter in einer Pfanne aufschäumen (→ S. 34), Zwiebel und Knoblauchzehe hineinlegen. Den Lauch darin farblos anschwitzen, mit Sahne ablöschen, mit Salz, Pfeffer und Muskat abschmecken. Estragon dazugeben, den Lauch 3–4 Minuten garen. Lauwarm abkühlen lassen, Knoblauch herausnehmen. Eier in eine Schüssel schlagen, mit einer Gabel locker verrühren, unter den Lauch ziehen.
3. Den Lauch gleichmäßig auf den Kartoffelteigstreifen verteilen und mit der Frischhaltefolie von der schmalen Seite her einrollen. Die Rouladen auf einen passend großen Bogen Alufolie legen, einrollen und an beiden Enden festdrücken. Wasser in einem Topf zum Sieden bringen, Rouladen 20 Minuten darin garen. Herausheben und auskühlen lassen.
4. Die Kartoffel-Lauch-Rouladen aus den Folien nehmen. Restliche Butter in einer beschichteten Pfanne aufschäumen. Die Rouladen goldbraun braten, dann in fingerdicke Scheiben schneiden.
5. Für das Schwammerlragout die Pilze sauber abreiben, in feine Scheiben schneiden. Von der Petersilie einige Blätter für die Garnitur beiseitelegen, den Rest hacken. Schalotte schälen, in feine Würfel schneiden, mit den Pilzen in 1 EL Butter anbraten. Mit Mehl bestäuben und mit Essig ablöschen. Mit Gemüsebrühe aufgießen, Sahne zugeben und etwa 2 Minuten köcheln lassen. Übrige Butter einschwenken, Petersilie dazugeben. Mit Cayennepfeffer, Salz und Muskat abschmecken.
6. Das Schwammerlragout in tiefe Teller geben, die Rouladenscheiben einlegen und mit den Petersilienblättern garnieren.

# KARTOFFEL-BLINI

## MIT AUBERGINENKAVIAR

**FÜR 4 PERSONEN**

**Für die Kartoffel-Blini**

340 g mehligkochende Kartoffeln

Salz

1 Stängel Petersilie

1 EL Kümmel

40 g Crème fraîche

50 g Sahne

3 Eigelb (Größe M)

30 g Mehl

20 g Kartoffelstärke

Butterschmalz zum Ausbacken

1 Bund Schnittlauch

1 Becher (150–200 g) Sauerrahm oder Crème fraîche

**Für den Auberginenkaviar**

3 Auberginen

Weinessig

Salz · Pfeffer aus der Mühle

Zucker

Olivenöl

1. Die Kartoffeln waschen und in einen ausreichend großen Topf geben, mit kaltem Wasser auffüllen. Salzen, Petersilie und Kümmel mit ins Wasser geben und aufkochen. Die Kartoffeln in 20–25 Minuten weich garen.

2. Die gegarten Kartoffeln abgießen und mit der Schale durch eine Kartoffelpresse drücken. Crème fraîche, Sahne, Eigelbe, Mehl und Stärke dazugeben, die Masse glatt rühren und etwa 15 Minuten ruhen lassen. Für den Auberginenkaviar den Grill erhitzen oder den Backofen auf 180 °C (Ober-/Unterhitze) vorheizen.

3. Die Auberginen im Ganzen auf den heißen Grill oder auf ein Backblech legen und im heißen Ofen (Mitte) weich garen. Die weichen Auberginen herausnehmen und halbieren, das Fruchtfleisch vorsichtig von der Schale lösen und in eine flache Schüssel oder auf ein Brett geben. Mit einer Teigkarte leicht durchhacken (bitte nicht mit einem Messer, da sonst die Kerne kaputtgehen und die Auberginen bitter werden). Mit Essig, Salz, Pfeffer und Zucker abschmecken, zum Schluss mit Olivenöl verfeinern.

4. Zum Ausbacken der Blini in einer beschichteten Pfanne das Butterschmalz erwärmen. Mit einem Esslöffel kleine Pfannkuchen in das heiße Schmalz laufen lassen und auf beiden Seiten goldbraun backen. Die Blini auf Küchenpapier abtropfen lassen. Den Schnittlauch waschen und trocknen, putzen und in Röllchen schneiden.

5. Die abgetropften Blini mit Sauerrahm bzw. Crème fraîche bestreichen. Den Auberginenkaviar auf den Blini verteilen, mit den Schnittlauchröllchen garnieren.

# PIZZA MARGHERITA

## CON MOZZARELLA DI BUFALA

**FÜR 4 PIZZEN (à ca. 35 cm Ø)**

**Für den Teig**

500 g Pizzamehl (Tipo 00)
1 g Hefe
10 g Salz
10 ml Olivenöl

**Für den Belag**

400 g San-Marzano-Tomaten (aus der Dose)
5 Basilikumblätter
Meersalz
2 Kugeln Büffelmozzarella (Mozzarella di Bufala; à 125 g)
Basilikumblätter, zum Garnieren

1. 2 Tage im Voraus das Mehl mit 300 ml Wasser zu einem Teig verarbeiten und 30 Minuten ruhen lassen. Anschließend die Hefe in 25 ml lauwarmem Wasser auflösen und in den Teig einarbeiten. Zum Schluss Salz und Olivenöl unterarbeiten und den Teig abgedeckt etwa 24 Stunden in einer Plastikschüssel im Kühlschrank gehen lassen.
2. Am nächsten Tag den Teig in 4 gleiche Teile teilen, diese in eine Kunststoffschale geben, mit Folie abdecken und noch einmal 12 Stunden gehen lassen.
3. Am übernächsten Tag für den Belag die Dosentomaten mit Basilikum und Salz abschmecken und grob mixen. Den Mozzarella in ½ cm dicke Scheiben schneiden.
4. Den Grill mitsamt Pizzastein auf 350 °C vorheizen. Die 4 Teigportionen dünn ausrollen, mit der Tomatensauce bestreichen und mit den Mozzarellascheiben belegen. Pizzen nacheinander auf den Pizzastein im Grill einlegen und etwa 5 Minuten backen.
5. Wenn die Pizzen fertig gebacken sind, aus dem Grill nehmen und mit den Basilikumblättern garnieren.

# DESSERTS

# TOPFENNOCKERL

## MIT PFIRSICH-ROSMARIN-KOMPOTT

**FÜR 4 PERSONEN**

**Für die Topfennockerl**

250 g Topfen (Quark; 10 % Fett i. Tr.)

2 Eier (Größe M)

3 EL Weizendunst (Grießler; → S. 33)

abgeriebene Schale von 1 Bio-Zitrone

2 EL Grieß

Salz

**Für die Brösel**

3 EL Butter

3 EL Semmelbrösel

2 EL Zucker

**Für das Pfirsich-Rosmarin-Kompott**

8 reife Pfirsiche

125 g Zucker

Saft und Schale von ½ Bio-Zitrone

1 Zweig Rosmarin + 4 kleine Zweige Rosmarin, zum Garnieren

1. Für die Nockerl den Topfen mit den Eiern, dem Mehl, dem Zitronenabrieb, Grieß und 1 Prise Salz verrühren. 20 Minuten ruhen lassen.
2. Für die Brösel die Butter in einer Pfanne aufschäumen (→ S. 34), die Semmelbrösel dazugeben und mit dem Zucker karamellisieren.
3. Den Backofen auf 120 °C (Umluft) vorheizen. In einem Topf Wasser aufkochen, die Hitze reduzieren und sieden lassen. Mit zwei Löffeln kleine Nockerl von der Topfenmasse abstechen und 8–10 Minuten im Wasser ziehen lassen. Dann in einem Sieb abtropfen lassen und in den Bröseln wälzen.
4. Für das Kompott die Pfirsiche kreuzweise einschneiden, mit kochendem Wasser überbrühen, enthäuten und in einen hitzebeständigen Topf geben. Mit Zucker und Zitronensaft vermengen. Rosmarinzweig und Zitronenschale dazugeben. Den Topf mit einem Deckel verschließen, die Pfirsiche im heißen Backofen (Mitte) etwa 40 Minuten garen. Sie sind fertig, wenn sie schön weich sind. Zitronenschale und Rosmarin herausnehmen und entsorgen.
5. Zum Servieren die Pfirsiche entsteinen. Pfirsichkompott auf vier tiefe Teller verteilen und die Nockerl darauf anrichten. Mit je 1 Rosmarinzweig garnieren.

INSPIRATION FRANKREICH

# TARTE TATIN

## UMGEDREHTER APFELKUCHEN

**FÜR 1 TARTEFORM (28 cm Ø)**

10 Boskop-Äpfel (ca. 1,2 kg)
½ TL Zimt
125 g Zucker
100 g Butter

**Für den Teig**

300 g Mehl + Mehl für die Arbeitsfläche
200 g Butter
100 g Zucker
1 Eigelb (Größe M)
Salz

**Für die Vanillesauce**

1 Vanilleschote
150 ml Milch
100 g Sahne
80 g Zucker
5 Eigelb (Größe M)

1. Die Äpfel schälen, entkernen und achteln, mit Zimt und Zucker vermengen. Die Butter in Flöckchen in einer beschichteten Tarteform verteilen. Die Äpfel darauf gleichmäßig und schichtweise anordnen. Mit Backpapier bedecken und bei mittlerer Hitze auf dem Herd etwa 45 Minuten garen. Anschließend 3–4 Stunden im Kühlschrank auskühlen lassen.

2. Für den Teig Mehl, Butter, Zucker, Eigelb und 1 Prise Salz in eine Rührschüssel geben. Alles grob vermengen, dann zu einem glatten Teig verarbeiten. Falls nötig, etwas kaltes Wasser unterarbeiten, dann den Teig etwa 1 Stunde kalt stellen. Den Backofen auf 180 °C (Ober-/Unterhitze) vorheizen.

3. Den Teig aus dem Kühlschrank nehmen und auf einer bemehlten Arbeitsfläche ausrollen. Über die Äpfel in der Form legen und die Tarte im heißen Backofen (Mitte) etwa 40 Minuten backen.

4. Inzwischen für die Vanillesauce die Vanilleschote der Länge nach aufschneiden und das Mark auskratzen. Schote und Mark mit der Milch, der Sahne und dem Zucker aufkochen. In einem Topf die Eigelbe verquirlen und unter ständigem Rühren langsam die Milch darübergießen. Weiterrühren, bis die Vanillesauce abgebunden hat. Die Sauce durch ein Sieb passieren.

5. Die Tarte aus dem Backofen nehmen, aus der Form auf eine Kuchenplatte stürzen und mit der Vanillesauce servieren.

INSPIRATION FRANKREICH

# ORANGENLIKÖR-PARFAIT

## MIT ERDBEEREN

**FÜR 8 PERSONEN (8 Dessertringe à 8 cm Ø)**

**Für das Parfait**

3 Eigelb (Größe M)
50 ml Milch
200 g Zucker
abgeriebene Schale von 1 Bio-Zitrone und 1 Bio-Orange
3 Eiweiß (Größe M)
500 g Schlagsahne
100 ml Grand Marnier
Backkakao, zum Bestäuben

**Für die Erdbeeren**

1 Bio-Orange
1 EL Zucker
50 ml Grand Marnier
250 g Erdbeeren

1. Eine geeignete flache Form (die ins Tiefkühlfach passt) mit Backpapier auslegen und acht Dessert-Metallringe (à 8 cm Ø) daraufsetzen.
2. Für das Parfait die Eigelbe mit der Milch und 50 g Zucker schaumig schlagen. Zitronen- und Orangenabrieb unter die Eimasse geben. Die übrigen 150 g Zucker mit 50 ml Wasser aufkochen, dann sirupartig einköcheln lassen, bis sich der Zucker vollständig aufgelöst hat.
3. Die Eiweiße in einer Rührschüssel schaumig schlagen. Unter ständigem Rühren den Zuckersirup einlaufen lassen. Die Schüssel in ein Eiswasserbad stellen und das Eiweiß kaltschlagen (→ S. 143). Die Sahne in einer anderen Schüssel nicht zu steif schlagen.
4. Das Eiweiß in drei Schritten unter die Eigelbmasse ziehen. Die Schlagsahne ebenfalls in drei Schritten unterheben. Mit Grand Marnier abschmecken. Die Masse in die vorbereiteten Dessertringe füllen und mindestens 4 Stunden im Tiefkühlfach gefrieren lassen.
5. Für die Erdbeeren die Orange mit einem Sparschäler sehr dünn schälen, die Schale in feine Streifen schneiden. 50 ml Wasser zum Kochen bringen und die Orangenschale darin blanchieren. Aus dem Wasser nehmen, das Wasser weiterkochen lassen. Die Orange auspressen und den Saft in das Wasser geben. Zucker darin auflösen, Flüssigkeit um die Hälfte reduzieren. Dann die Schale und den Grand Marnier dazugeben, einmal kurz aufkochen und ziehen lassen.
6. Erdbeeren waschen, Stielansätze entfernen, Früchte vierteln. Die Erdbeeren mit dem Orangen-Grand-Marnier-Sud marinieren und die Orangenzesten darübergeben.
7. Vor dem Anrichten das Parfait kurz temperieren lassen, damit es sich besser aus den Ringen löst. Ringe und das Backpapier vom Parfait abziehen. Das Eisparfait auf Teller stellen und mit Kakao bestäuben. Die Erdbeeren daneben anrichten, mit Orangenzesten garnieren.

# CRÈME BRÛLÉE

## MIT GRÜNEM TEE

**FÜR 6 PERSONEN (6 Förmchen à 12 cm Ø)**

250 ml Milch
250 g Sahne
100 g Zucker
1 EL Matcha-Tee (gemahlener Grüntee)
5 Eigelb (Größe M)
brauner Zucker (nach Bedarf)

1. In einem Topf Milch, Sahne, Zucker und Matcha-Tee miteinander verquirlen und aufkochen. Die Masse etwas abkühlen lassen, dann die Eigelbe darunterrühren.
2. Den Backofen auf 120 °C (Umluft) vorheizen. Die Masse in sechs ofenfeste Portionsförmchen (à 12 cm Ø) füllen, diese auf ein Backblech stellen. Das Backblech mit etwas Wasser füllen und in den heißen Backofen (Mitte) schieben. Die Creme 1 Stunde pochieren. (Die Masse darf nicht kochen, sie soll nur stocken.)
3. Wenn die Creme fest ist, aus dem Ofen nehmen und auskühlen lassen. Die erkaltete Creme gleichmäßig mit einer dünnen Schicht braunem Zucker bestreuen und mit einem Bunsenbrenner abflämmen. Diesen Vorgang wiederholen: Nochmals eine dünne Schicht Zucker aufstreuen, nochmals abflämmen.
4. Die Crème brûlée in den Förmchen servieren.

### BACHMEIERS TIPP

*Ich karamellisiere die **Zuckerschicht auf der Crème brûlée** gern in zwei Durchgängen. Dabei verbrennt der Zucker nicht so schnell, die Kruste wird knackiger und weicht nicht so leicht durch.*

# HEIDELBEERPFANNKUCHEN

## MIT PUDERZUCKER

**FÜR 4 PERSONEN**

4 Eier (Größe M)
Salz
4 EL Mehl
200 ml Milch
100 g Heidelbeeren
80 g Butter
3 EL brauner Zucker
Puderzucker zum Bestäuben

1. Die Eier trennen. Die Eiweiße mit 1 Prise Salz cremig aufschlagen. Die Eigelbe mit Mehl und Milch zu einem Teig rühren; die Konsistenz sollte ebenfalls cremig sein. Den Eischnee unterheben.

2. Die Heidelbeeren waschen und trocken tupfen. In einer Pfanne die Butter aufschäumen (→ S. 34). Zucker einstreuen und mit einem Löffel den Teig portionsweise einlaufen lassen. Den Teig stocken lassen, die Heidelbeeren hineinsetzen. Die Pfannküchlein mithilfe einer Palette wenden und fertigbacken.

3. Das Ganze wiederholen, bis Teig und Heidelbeeren aufgebraucht sind. Die Pfannkuchen mit Puderzucker bestäubt servieren.

INSPIRATION SÜDAMERIKA

# BUTTERMILCH-MOUSSE

## MIT AMARANT & LIMETTEN-PAPAYA-SALAT

**FÜR 4 PERSONEN (4 Dessertringe à 8 cm Ø)**

**Für die Buttermilch-Mousse**

2 Blatt Gelatine

200 g Schlagsahne

150 ml Buttermilch

40 g Zucker

abgeriebene Schale und (separat ausgepresster) Saft von 1 Bio-Zitrone und 1 Bio-Orange

**Für den gepufften Amarant**

25 g Amarant

1 TL Puderzucker

**Für den Papaya-Limetten-Salat**

1 Papaya

abgeriebene Schale und Saft von 1 Bio-Limette

1 TL Puderzucker

4 Basilikumblätter, zum Garnieren

1. Eine geeignete flache Form mit Backpapier auslegen und vier Dessert-Metallringe (à 8 cm Ø) daraufsetzen.
2. Für die Buttermilch-Mousse die Gelatine in kaltem Wasser einweichen. Die Sahne steif schlagen. Buttermilch und Zucker mit dem Abrieb von Zitrone und Orange verrühren. Den Orangensaft erwärmen und die Gelatine darin auflösen, in die Buttermilch einrühren. Die geschlagene Sahne unterheben und mit dem Zitronensaft abschmecken. Die Mousse in die vorbereiteten Dessertringe füllen und etwa 4 Stunden im Kühlschrank fest werden lassen.
3. Inzwischen für den gepufften Amarant einen Topf mit hohem Rand ohne Fett bei mittlerer Hitze heiß werden lassen. Den Amarant hineinrieseln lassen, den Deckel aufsetzen und unter ständigem Schwenken den Amarant aufpuffen lassen. Mit Puderzucker karamellisieren.
4. Für den Papaya-Limetten-Salat die Papaya schälen, halbieren und die Kerne herauslöffeln. Papaya in ½ cm große Würfel schneiden und mit Limettenabrieb, Limettensaft und dem Puderzucker marinieren.
5. Die erkaltete Mousse aus den Ringen lösen und auf Teller setzen. Mit dem Amarant bestreuen. Den Papaya-Limetten-Salat daneben anrichten und mit je 1 Basilikumblatt garnieren.

INSPIRATION FRANKREICH

# SAUERRAHM-SOUFFLÉ

## MIT BROMBEEREN & ZITRONENTHYMIAN

**FÜR 6 PERSONEN**
**(6 Förmchen à 10 cm Ø)**

Butter und Zucker für die Formen
200 g Brombeeren
4 Eier (Größe M)
200 g Sauerrahm
60 g Mehl (Type 405)
abgeriebene Schale von 1 Bio-Zitrone
3 EL Zucker
Salz
Puderzucker
2 Zweige Zitronenthymian

1. Den Backofen auf 170 °C (Ober-/Unterhitze) vorheizen. Sechs Soufflé-Förmchen innen vollständig mit Butter einfetten, dann auszuckern. Dazu ein Förmchen etwa zur Hälfte mit Zucker füllen und durch Drehen den Zucker auch am Rand gleichmäßig verteilen. Übrigen Zucker jeweils unter Drehen in das nächste Förmchen füllen. Diesen Vorgang so oft wiederholen, bis alle Förmchen am Rand vollständig gezuckert sind. Überschüssigen Zucker ausschütten, die Förmchen auf ein Backblech stellen. Die Brombeeren verlesen.

2. Die Eier trennen, Eigelbe mit Sauerrahm, Mehl und Zitronenabrieb verquirlen. Eiweiße mit Zucker und 1 Prise Salz nicht ganz steif schlagen. Zuerst ein Drittel der Eiweiße unter die Sauerrahmmasse rühren, dann das zweite und zuletzt das dritte Drittel vorsichtig unterheben.

3. Die Masse in die vorbereiteten Förmchen füllen, sodass oben 1 Fingerbreit frei bleibt. 100 g Brombeeren einzeln leicht mit den Fingern zusammendrücken, bis sie etwas aufplatzen, und auf der Masse in den Förmchen verteilen. Im heißen Ofen (Mitte) etwa 20 Minuten aufgehen lassen.

4. Inzwischen die restlichen 100 g Brombeeren halbieren und mit Puderzucker besieben. Von 1 Zitronenthymianzweig die Blätter abzupfen, mit den Beeren leicht vermengen und auf sechs Teller verteilen. Den zweiten Zitronenthymianzweig zerkleinern und einzelne kleine Zweige als Garnitur zwischen die Brombeeren stecken.

5. Die Soufflés aus dem Ofen nehmen, aus den Förmchen stürzen, umgekehrt auf Teller setzen und mit Puderzucker bestäuben. Sofort mit den marinierten Beeren servieren.

# LEMONCURD

## MIT ERDBEER-BASILIKUM-SALAT

**FÜR 4 PERSONEN**

**Für das Lemoncurd (Zitronencreme auf englische Art)**

1 Ei (Größe M)
1 Eigelb (Größe M)
180 g Zucker
2 Bio-Zitronen
60 g Butter

**Für den Erdbeer-Basilikum-Salat**

500 g Erdbeeren
Puderzucker (nach Geschmack)
5 Basilikumblätter
4 kleine Basilikumblätter, zum Garnieren

**Für die Hippen**

Pflanzenöl für das Backblech
40 g Eiweiß
40 g Puderzucker
40 g Mehl
40 g weiche Butter

1. Für das Lemoncurd Ei und Eigelb mit dem Zucker cremig rühren. Die Zitronen lauwarm abwaschen, abtrocknen und die Schale in die Zucker-Ei-Masse reiben. Die Zitronen auspressen und den Saft dazugeben. Die Masse über einem heißen Wasserbad zur Rose abziehen, das heißt, so lange rühren, bis das Eigelb bindet. Die Butter in kleinen Stücken dazugeben und unterrühren. Die Masse durch ein Sieb in eine Schüssel passieren, 4–5 Stunden im Kühlschrank auskühlen lassen.
2. Den Backofen auf 190 °C (Ober-/Unterhitze) vorheizen. Ein Backblech leicht einfetten. Für die Hippen alle Zutaten gut miteinander verrühren. Die Hippenmasse dünn auf das Backblech aufstreichen und im heißen Backofen (Mitte) hellbraun backen. Aus dem Ofen nehmen und sofort in die gewünschte Form bringen.
3. Für den Erdbeer-Basilikum-Salat die Erdbeeren vorsichtig waschen, die Stielansätze entfernen, die Früchte vierteln und mit dem Puderzucker glasieren. Basilikumblätter in feine Streifen schneiden und unter die Erdbeeren mischen.
4. Das Lemoncurd auf vier flache Teller verteilen, jeweils zu einem Spiegel verstreichen und den Erdbeer-Basilikum-Salat darauf anrichten. Mit je 1 Basilikumblatt und den Hippen garnieren.

### STICHWORT: ZUR ROSE ABZIEHEN

*Cremes oder Saucen auf Eigelbbasis werden oft bei geringer Temperatur über dem Wasserbad aufgeschlagen. Taucht man in die fertige, abgebundene Masse einen Löffel und pustet dann auf den Löffelrücken, entsteht ein Muster, das an eine Rose erinnert. Auch ein eingetauchter und senkrecht herausgezogener Schneebesen sollte eine rosenähnliche Form hinterlassen.*

INSPIRATION NIEDERBAYERN

# DAFEIDE ERDÄPFE

## HEFEBÄLLCHEN MIT PFLAUMENMUS

### FÜR 4 PERSONEN

500 g Mehl
25 g Hefe
250 ml Milch
80 g Zucker
Salz
5 Eierr
100 g Butter
abgeriebene Schale von 1 Bio-Zitrone
200 g Pflaumenmus
½ TL Zimt
2 EL Zucker
1,5 l Fett zum Frittieren

1. Für das „Dampferl" (den Ansatz bzw. Vorteig) 1 EL Mehl und die Hefe mit 250 ml warmer Milch und etwas Zucker vermengen und 15 Minuten gehen lassen.
2. Das restliche Mehl in eine Schüssel sieben. Das Dampferl, 1 Prise Salz, den restlichen Zucker, 3 Eier, Butter und Zitronenabrieb dazugeben, alles zu einem geschmeidigen Teig verarbeiten und etwa 30 Minuten gehen lassen.
3. Vom Hefeteig Bällchen abstechen, flach drücken und mit je 1 TL Pflaumenmus füllen. Den Teig wieder übereinanderschlagen und nochmals 15 Minuten gehen lassen.
4. In einem tiefen Teller die übrigen 2 Eier verquirlen. In einem zweiten Teller Zimt und Zucker vermischen. In einem hohen Topf das Frittierfett erhitzen. Das Gebäck im schwimmenden Fett goldbraun ausbacken. Dann in den verquirlten Eiern wenden und erneut zügig durchbacken. Noch warm im Zimtzucker wenden.

INSPIRATION USA

# LAUWARMER SCHOKOKUCHEN

## MIT GEGRILLTER ANANAS

**FÜR 6 PERSONEN (6 Förmchen à 8 cm Ø)**

1 Ananas

**Für den Schokokuchen**

170 g Zartbitterschokolade
170 g Butter + Butter für die Förmchen
150 g Zucker + Zucker für die Förmchen
6 Eier (Größe M)
90 g Mehl

1. Für die Ananas einen Kugelgrill auf 200 °C erhitzen. Die Ananas schälen und im Ganzen auf den Grill setzen. Den Grill verschließen und die Ananas etwa 2 Stunden indirekt grillen.
2. Für den Schokokuchen die Schokolade grob hacken und mit 170 g Butter in einer Metallschüssel über dem heißen Wasserbad schmelzen. 150 g Zucker und die Eier in eine Schüssel geben und schaumig schlagen. Das Mehl und die Schokoladenbutter unterrühren. Die Masse bei Zimmertemperatur etwas abkühlen lassen, dann kühl stellen.
3. Die Dessertförmchen vollständig mit Butter einfetten, dann auszuckern. Dazu ein Förmchen etwa zur Hälfte mit Zucker füllen und durch Drehen den Zucker gleichmäßig auch am Rand verteilen. Übrigen Zucker jeweils unter Drehen in das nächste Förmchen füllen. Diesen Vorgang so oft wiederholen, bis alle Förmchen am Rand vollständig gezuckert sind.
4. Den Teig auf die Förmchen verteilen. Die Küchlein zur Ananas auf den Grill stellen und in etwa 10 Minuten backen. Herausnehmen und ruhen lassen.
5. Die lauwarmen Schokoladenkuchen vorsichtig aus den Formen stürzen und auf Dessertteller setzen. Die Ananas sechsteln und dazu servieren.

INSPIRATION ÖSTERREICH

# NUSSAUFLAUF

## MIT BIRNENKOMPOTT, SCHOKOSAUCE & GRANOLA

**FÜR 6 PERSONEN (6 Förmchen à 8 cm Ø)**

80 g Weißbrot vom Vortag (ohne Rinde; alternativ Toastbrot)
170 ml Milch • 75 g Butter
1 TL Vanillezucker
65 g Zucker
3 Eier (Größe M) • Salz
50 g geriebene Walnusskerne
30 g geriebene Mandeln
20 g geraspelte Schokolade
Butter und Zucker für die Förmchen
1 EL Granatapfelkerne, zum Garnieren

**Für das Birnenkompott**

4 mittelgroße reife Birnen
2 Scheiben frischer Ingwer
50 g Zucker • 50 ml Weißwein
20 ml Birnengeist
Saft von 1 Zitrone

**Für das Granola**

→ Rezept S. 150

**Für die Schokosauce**

50 ml Milch • 50 g Sahne
180g Zartbitterschokolade
Amaretto (Mandellikör)

1. Das Brot klein schneiden. Die Milch aufkochen und das Brot damit übergießen. Beiseitestellen. Die Butter mit dem Vanillezucker und der Hälfte des Zuckers schaumig rühren. Die Eier trennen. Die Eigelbe nach und nach unter die Buttermischung rühren. Die Eiweiße mit dem restlichen Zucker und 1 Prise Salz steif schlagen. Die noch lauwarme Brotmischung in die Eigelbmasse rühren, Walnüsse, Mandeln und Raspelschokolade dazugeben. Zum Schluss den Eischnee unterheben.

2. Den Backofen auf 170 °C (Ober-/Unterhitze) vorheizen. Die Förmchen innen vollständig mit Butter einfetten, dann auszuckern. Dazu ein Förmchen etwa zur Hälfte mit Zucker füllen und durch Drehen den Zucker auch am Rand gleichmäßig verteilen. Übrigen Zucker jeweils unter Drehen in das nächste Förmchen füllen. Diesen Vorgang wiederholen, bis alle Förmchen am Rand vollständig gezuckert sind. 

3. Die Masse in die vorbereiteten Förmchen füllen, sodass oben 1 Fingerbreit frei bleibt. Die Förmchen auf ein Backblech stellen, Wasser in das Backblech gießen und den Auflauf im Wasserbad etwa 30 Minuten backen.

Für das Birnenkompott die Birnen schälen, vom Kerngehäuse befreien und in ½ cm dicke Spalten schneiden, diese in eine geeignete flache Schale legen. 60 ml Wasser mit Ingwer und Zucker aufkochen. Von der Hitze nehmen, Weißwein, Birnengeist und Zitronensaft zugeben, die Birnen damit übergießen und ziehen lassen.

4. Das Granola zubereiten wie auf → S. 150, Step 1, beschrieben.

5. Für die Schokosauce in einem Topf Milch und Sahne aufkochen, die Schokolade zerkleinern und in der heißen Flüssigkeit schmelzen. Mit dem Stabmixer kurz mixen und mit etwas Amaretto abschmecken. Den Auflauf aus den Förmchen auf Teller stürzen und die Birnen anlegen. Mit der Schokosauce beträufeln, mit Granola und den Granatapfelkernen garnieren.

INSPIRATION ÖSTERREICH

# HASELNUSS-SCHMARRN

## MIT PREISELBEERBIRNE

**FÜR 4 PERSONEN**

**Für den Haselnuss-Schmarrn**

4 Eier (Größe M)
Salz
3 EL Mehl
1 EL gemahlene Haselnusskerne
200 ml Milch
80 g Butter
50 g Haselnusskerne
3 EL brauner Zucker
Puderzucker, zum Bestäuben

**Für die Preiselbeerbirnen**

2 Birnen
Saft von 1 Zitrone
2 EL Butter
1 EL Vanillezucker
2 cl Nussschnaps
5 cl Weißwein
2 EL Preiselbeeren (→ S. 16)

1. Den Backofen auf 220 °C (Ober-/Unterhitze) vorheizen. Die Eier trennen. Das Eiweiß mit 1 Prise Salz zu steifem Eischnee schlagen. Das Eigelb mit dem Mehl, den gemahlenen Haselnüssen und der Milch zu einem cremigen Teig rühren. Den Eischnee unterheben.
2. In einer hitzefesten Eisenpfanne 40 g Butter zerlassen. Die Masse hineingeben und im heißen Backofen (Mitte) in 20 Minuten aufgehen lassen. Wenn möglich, am Ende bei Oberhitze den Teig etwas bräunen; dabei aufpassen, dass er nicht zu stark durchgegart wird.
3. Die ganzen Haselnusskerne grob hacken. In einer weiteren Pfanne die übrige Butter zerlassen. Den braunen Zucker zugeben und karamellisieren. Die gehackten Haselnüsse darin wälzen und kandieren.
4. Den Teig aus dem Ofen nehmen und mit zwei Holzlöffeln „zerreißen". Zu den kandierten Haselnüssen geben und durchschwenken.
5. Für die Preiselbeerbirnen die Birnen schälen und halbieren, die Kerngehäuse entfernen. Die Hälften mit Zitronensaft einreiben. In einer Pfanne die Butter aufschäumen (→ S. 34). Den Vanillezucker einstreuen, die Birnenhälften darin wälzen und leicht karamellisieren. Mit dem Nussschnaps ablöschen und den Weißwein zugießen. Die Birnenhälften zugedeckt bissfest schmoren. Herausnehmen und mit den Preiselbeeren füllen.
6. Den Haselnuss-Schmarrn mit Puderzucker übersieben und mit den Preiselbeerbirnen servieren.

INSPIRATION FRANKEN

# SCHNEEBALLEN

## MIT WEINSCHAUM

**FÜR 4 PERSONEN (Ergibt 16 Stück)**

**Für die Schneeballen**

250 g Mehl
50 g zimmerwarme Butter
1 Ei (Größe M)
125 g Schmand
1 EL Vanillezucker
Salz
Butterschmalz zum Frittieren
2 EL gehackte Pistazien
30 g Kokosflocken
30 g Zartbitterkuvertüre
1 EL Puderzucker

**Für den Weinschaum**

2 Eigelb (Größe M)
40 ml Weißwein
1 EL Zucker

1. Für die Schneeballen das Mehl mit der Butter verkneten. Ei, Schmand, Vanillezucker und 1 Prise Salz dazugeben, zu einem Teig verarbeiten. Den Teig in 16 Teile teilen, diese dünn zu Fladen ausrollen. Die Innenfläche der Fladen mit einem Abstand von etwa 1 cm zum Rand in 1 cm breite Streifen schneiden (aber nicht durchschneiden). Mit einem Kochlöffelstiel jeden zweiten Streifen „einfädeln“ und nach oben heben. Die Streifen dazwischen bleiben unten. Den Fladen mithilfe des Kochlöffels hochnehmen, dann mit der Handinnenfläche daraus eine lockere Kugel formen.
2. Das Butterschmalz auf etwa 170 °C erhitzen (Kochlöffeltest → S. 144). Die Kugel in eine Schaumkelle, ein größeres Teesieb oder ein spezielles Schneeballeneisen geben und im Butterschmalz goldbraun frittieren. Mit allen Fladen so verfahren.
3. Die gehackten Pistazien und die Kokosflocken getrennt auf zwei Teller geben. Die dunkle Kuvertüre über dem heißen Wasserbad schmelzen. Jeweils 4 Schneeballen in den gehackten Pistazien wälzen, in den Kokosflocken wälzen, mit der geschmolzenen Kuvertüre beträufeln und mit Puderzucker bestäuben.
4. Für den Weinschaum die Eigelbe, den Weißwein und den Zucker in eine Schüssel geben. Im warmen Wasserbad aufschlagen, bis eine cremige Masse entstanden ist; dabei darauf achten, dass es nicht zu heiß wird, sonst bindet das Eigelb zu schnell und der Weinschaum erhält nicht genügend Volumen. Anschließend sofort die Schüssel in ein Eiswasserbad stellen und die Weincreme kaltrühren (→ Stichwort).
5. Den Weinschaum separat zu den Schneeballen servieren.

### STICHWORT: KALTRÜHREN

*Kaltrühren ist eine Methode, um Zutaten oder Speisen schonend abzukühlen. Dazu rührt man sie über einem kalten Wasserbad aus Eiswasser* **(→ S. 37)***, bis sie die gewünschte Temperatur erreicht haben.*

# HIMBEER-PAPRIKA-SORBET

## MIT SCHOKOSPÄNEN

### FÜR 4 PERSONEN

**Für das Sorbet**

80 g geputzte rote Paprikaschote
2 Zweige Rosmarin
120 g Zucker
300 g Himbeeren
1 g Johannisbrotkernmehl (Eisbinder)
Saft von ½ Zitrone
1 Msp. scharfes Paprikapulver
100 g schöne Himbeeren, zum Garnieren

**Für die Schokospäne**

100 g Zartbitterkuvertüre

**Außerdem**

4 große Eiswürfelbehälter aus Silikon (nach Bedarf)

1. Für die Schokospäne die Kuvertüre raspeln, in 4 gleich große Häufchen teilen und in das Tiefkühlfach stellen.
2. Für das Sorbet die Paprikaschote waschen und in kleine Würfel schneiden. Mit ½ Rosmarinzweig in einen kleinen Topf geben, mit 20 g Zucker bestreuen und mit Wasser bedecken. Aufkochen und die Paprika weich garen. Die Himbeeren waschen, trocken tupfen und zur weichen Paprika geben. Durchrühren, dann den Rosmarin herausnehmen.
3. Inzwischen den restlichen Zucker mit dem Johannisbrotkernmehl verrühren, mit 200 ml Wasser und dem Zitronensaft vermischen. Zur Himbeer-Paprika-Mischung geben und alles im Mixer fein pürieren. Mit dem Paprikapulver würzen und durch ein Sieb streichen.
4. Die Masse in einer Eismaschine gefrieren oder alternativ in vorbereitete Eiswürfelbehälter geben und im Tiefkühlfach gefrieren. Dann die gewünschte Menge Sorbet-Eiswürfel in einen Mixer geben und cremig mixen (nicht zu lange, damit die Masse nicht auftaut).
5. Die Schokospäne aus dem Tiefkühlfach nehmen. Einen Esslöffel in heißes Wasser tauchen, damit vom Himbeer-Paprika-Sorbet Nocken abstechen und auf vier vorgekühlte Teller geben. Mit den ganzen Himbeeren garnieren. Restlichen Rosmarin mit einer Schere in Stückchen schneiden und als Dekoration in das Sorbet stecken. Mit den Schokospänen bestreuen.

### BACHMEIERS TIPP

*Mit dem **Kochlöffeltest** erkennen Sie die richtige Temperatur zum Frittieren (etwa 170 °C): Halten Sie den Stiel eines Holzkochlöffels (ein Holzspieß geht auch) in das Fett. Wenn sich daran Bläschen bilden, ist die Temperatur erreicht.*

INSPIRATION ITALIEN

# BOMBOLONI

## VANILLEKRAPFEN

### FÜR ETWA 40 KLEINE KRAPFEN

**Für die Vanillecreme**

1 Vanilleschote
125 g Milch
125 g Sahne
30 g Zucker
1 Eigelb (Größe M)
20 g Puddingpulver

**Für die Krapfen**

100 g Butter
100 g Milch
1 Würfel Hefe (42 g)
1 Ei (Größe M)
3 Eigelb (Größe M)
Salz
50 g Puderzucker
1 TL Vanillezucker
abgeriebene Schale von ½ Bio-Zitrone
350 g Mehl + Mehl für die Arbeitsfläche
1 l Butterschmalz zum Frittieren
Puderzucker, zum Bestäuben

1. Für die Vanillecreme die Vanilleschote längs halbieren, das Mark auskratzen und mit Schote, Milch und Sahne in einem Topf aufkochen.
2. In einer Schüssel den Zucker mit Eigelb und Puddingpulver schaumig rühren. Ein wenig kochende Vanillemilch in die Eigelbmischung geben und damit glatt rühren. Die Eigelbmischung in den Topf mit der Vanillemilch einlaufen lassen, unter ständigem Rühren aufkochen und etwa 2 Minuten weiterrühren, bis die Masse abgebunden hat. Die Creme in eine Schüssel geben, mit Folie abdecken und kalt stellen.
3. Für die Krapfen die Butter zerlassen und in einem anderen Topf die Milch lauwarm erwärmen. Die Hefe in der Milch auflösen, zusammen mit Ei, Eigelben, 1 Prise Salz, Puderzucker, Vanillezucker, Zitronenabrieb und der Butter in einer Küchenmaschine vermischen. Nach und nach unter Rühren das Mehl einrieseln lassen und das Ganze zu einem geschmeidigem, aber nicht klebrigen Teig verarbeiten. Zu einer Kugel formen, mit einem Küchentuch abdecken und an einem warmen Ort etwa 1 Stunde gehen lassen, bis sich das Volumen verdoppelt hat.
4. Auf einer bemehlten Arbeitsfläche den Teig zusammenschlagen und zu einer Rolle formen. In kleine, etwa 15 g schwere Teile zerteilen und diese auf der Arbeitsfläche mit der Handinnenfläche zu Kugeln schleifen. Ein Backblech mit Backpapier auslegen und mit Mehl bestäuben. Die „Krapferl" auf das Blech legen und nochmals mit Mehl bestäuben. Mit einem Küchentuch bedecken und weitere 20 Minuten gehen lassen.
5. Das Butterschmalz in einem hohen Topf auf etwa 170 °C erhitzen (Kochlöffeltest → Tipp links). Krapfen portionsweise darin frittieren: Mit Deckel zuerst in etwa 2 Minuten auf einer Seite ausbacken; dann wenden und ohne Deckel in weiteren 2 Minuten fertigbacken. Herausnehmen und auf einem Gitter auskühlen lassen.
6. Die Vanillecreme in einen Spritzsack mit Krapfentülle füllen und in die Krapfen spritzen. Mit Puderzucker bestäuben und genießen.

# BRATÄPFEL

## MIT WEISSBIER-SABAYON

**FÜR 6 PERSONEN**

6 feste, feinsäuerliche Äpfel (Rubinette oder Boskop)

Puderzucker, zum Bestäuben

**Für den Dörrobst-Ansatz**

40 g Butter

30 g getrocknete Feigen

30 g getrocknete Aprikosen

50 g Walnusskerne

30 g Pistazien

½ Vanilleschote

100 ml Apfelsaft

1 Schuss Rum (nach Belieben)

ein kleines Stück Zimtstange

**Für die Füllung**

1 Ei (Größe M)

70 g weiche Butter

30 g Marzipan • 35 g Honig

½ Bio-Orange

20 g gemahlene Haselnusskerne

2 EL Semmelbrösel (alternativ Pankomehl)

**Für das Weißbier-Sabayon**

3 Eigelb (Größe M)

1 EL Zucker

1 Prise Salz • 8 cl Weißbier

1. Für den Dörrobst-Ansatz in einer beschichteten Pfanne die Butter aufschäumen (→ S. 34) und leicht braun werden lassen. Feigen, Aprikosen Walnüsse und Pistazien grob hacken, in der Butter schwenken. Die ½ Vanilleschote längs aufschneiden, das Mark auskratzen und mitsamt der Schote zugeben. Mit dem Apfelsaft und nach Belieben 1 Schuss Rum ablöschen. Die Zimtstange dazugeben, einkochen lassen.
2. Für die Füllung das Ei mit der Butter schaumig schlagen. Marzipan und Honig dazugeben und cremig rühren. Orangenschale in die Masse reiben. Haselnüsse und Brösel dazugeben. Gründlich vermengen und die Füllung in 6 gleich große Portionen teilen.
3. Den Backofen auf 170 °C (Umluft) vorheizen. Ein Backblech mit Backpapier auslegen. Die Äpfel waschen und das Kerngehäuse ausstechen. Unten gerade abschneiden und die Äpfel gleichmäßig mit der Marzipanmasse füllen. Den Dörrobst-Ansatz locker auf dem Backblech verteilen, die gefüllten Äpfel hineinstellen und im heißen Ofen (Mitte) etwa 35 Minuten backen.
4. Inzwischen für das Weißbier-Sabayon die Eigelbe mit Zucker und 1 Prise Salz in eine Schüssel geben und über einem heißen Wasserbad aufschlagen; dabei aufpassen, dass das Eigelb nicht zu heiß wird und gerinnt! Vom Wasserbad nehmen, weiterschlagen und dabei das Weißbier einlaufen lassen. Das Sabayon zu Ende schlagen.
5. Sabayon auf sechs Teller verteilen und zu einem Spiegel verstreichen. Die Äpfel daraufsetzen und mit dem Dörrobst-Ansatz bestreuen. Mit Puderzucker bestäuben und servieren.

INSPIRATION SÜDTIROL

# KASTANIENMUS

## MIT GLASIERTEN MAROVI & RIBISL

**FÜR 6 PERSONEN**
**(6 Dessertringe à 8 cm Ø)**

**Für das Kastanienmus**

1 Bio-Orange
1 TL Butter • 1 TL Zucker
4 cl Rum
1 Blatt Gelatine
200 g Schlagsahne
2 Eier (Größe M)
80 g Kastanienhonig
200 g ungesüßtes Kastanienpüree

**Für die glasierten Maronen**

60 g Zucker • 4 cl Cognac
4 cl Weißwein
130 g Maronen (ca. 18 Stück)
½ Sternanis
¼ Zimtstange • 1 Nelke
1 TL Butter • 2 EL Sahne
90 g Ribisl (Johannisbeeren)

**Zum Garnieren**

2 gekochte Maronen
6 Minzeblätter
Cassis (Johannisbeerlikör)

1. Sechs Dessert-Metallringe (à ca. 8 cm Ø) mit Backpapier als Boden einschlagen. Für das Kastanienmus mit einem Sparschäler die Orange dünn schälen, die Schale zuerst in Streifen, dann in Vierecke schneiden. Die Orange auspressen und den Saft auffangen.

2. Die Butter in einer Pfanne aufschäumen (→ S. 34). Die Orangenschale zur Butter geben und mit dem Zucker karamellisieren. Mit dem Rum ablöschen und mit dem Orangensaft aufgießen. Die Flüssigkeit vollständig einkochen lassen. Schalen aus der Pfanne nehmen, die Mischung kalt stellen.

3. Die Gelatine in kaltem Wasser einweichen. Die Sahne steif schlagen. Die Eier mit dem Honig über einem heißen Wasserbad schaumig schlagen, die Gelatine ausdrücken und – noch über dem Wasserbad – unter die Masse rühren. Vom Wasserbad nehmen und mit dem Kastanienpüree glatt rühren. Die kandierte Orangenschale unter die Masse geben, die Sahne gleichmäßig unterziehen. Das Mus in die vorbereiteten Ringe füllen und 4–5 Stunden kalt stellen.

4. Für die glasierten Maronen den Zucker in einer Stielkasserolle karamellisieren lassen. Mit Cognac und Weißwein ablöschen. Die Maronen einlegen, Sternanis, Zimtstange und Nelke dazugeben. Butter und Sahne dazugeben und alles einkochen lassen, bis eine schöne Bindung entstanden ist. Ribisl waschen, verlesen, vorsichtig unter die Maronen geben und auskühlen lassen.

5. Das Mus aus den Ringen lösen und auf Tellern anrichten. Die gekochten Maronen zerbröseln und über die Kastanienmus streuen. Die glasierten Maronen mit den Ribisl daneben anrichten. Mit der Minze garnieren und mit ein paar Tropfen Cassis beträufeln.

INSPIRATION ÖSTERREICH

# TOPFEN-GRIESS-SCHMARRN

## MIT KIRSCHRAGOUT

**FÜR 4 PERSONEN**

25 g Milch
10 g Grieß
Butter für die Form
3 Eier (Größe M)
400 g Topfen (Quark; 10 % Fett i. Tr.)
30 g Zucker
ausgekratztes Mark von ½ Vanilleschote
etwas abgeriebene Bio-Zitronenschale
50 g Puderzucker

**Für das Kirschragout**

300 g Kirschen
200 ml Kirschsaft (aus dem Reformhaus)
200 ml Portwein
150 ml Cassis (Johannisbeerlikör)
½ Vanilleschote
10 g Vanillepuddingpulver
Saft von 1 Orange und 1 Zitrone
Honig (nach Geschmack)

1. In einem Topf die Milch mit dem Grieß aufkochen. So lange köcheln lassen, bis die Masse fest ist. Von der Hitze nehmen und auskühlen lassen. Den Backofen auf 180 °C (Ober-/Unterhitze) vorheizen. Eine viereckige Auflaufform (ca. 23 × 30cm) mit Butter einfetten.
2. Die Eier trennen. Die Eigelbe mit dem Topfen und dem Zucker verrühren. Vanillemark und Zitronenschale daruntergeben und mit dem ausgekühlten Grieß vermengen. Das Eiweiß mit dem Puderzucker nicht zu steif schlagen. Den Eischnee unter die Topfen-Grieß-Masse heben. Die Masse in die Auflaufform geben und im heißen Backofen (Mitte) etwa 20 Minuten backen.
3. Inzwischen für das Kirschragout die Kirschen waschen und entsteinen. In einem Topf die Steine mit Kirschsaft, Portwein und Cassis aufkochen. Die zweite ½ Vanilleschote längs aufschneiden und dazugeben, die Flüssigkeit auf die Hälfte einkochen. Separat das Puddingpulver mit dem Orangen- und Zitronensaft verrühren, dann zum Fond geben, um ihn abzubinden. Nach Geschmack mit dem Honig süßen. Den Fond durch ein Sieb passieren und lauwarm abkühlen. Die Kirschen einlegen und ziehen lassen.
4. Die Auflaufform aus dem Ofen nehmen und den Schmarrn kurz abkühlen lassen, mit zwei Löffeln zerreißen und mit dem Kirschragout servieren.

**BACHMEIERS TIPP**

*Zu herzhaften Rezepten – wie etwa zum Perlhuhn auf S. 80 – passt* ***Balsamico-Kirschragout*** *ausgezeichnet: Dann einfach den Cassis durch* ***100 ml Rotwein*** *ersetzen und statt Orangensaft* ***50 ml Aceto balsamico*** *verwenden.*

# GRATINIERTE HIMBEEREN

## MIT GRANOLA

### FÜR 4 PERSONEN

400 g Himbeeren
1 EL Puderzucker

**Für die Topfenmasse zum Gratinieren**

1 Vanilleschote
200 g Topfen (Quark; 10 % Fett i. Tr.)
3 Eigelb (Größe M)
etwas abgeriebene Bio-Zitronenschale
4 Eiweiß (Größe M) · Salz
80 g Zucker

**Für das Granola**

50 g feinblättrige Dinkelflocken
30 g gemischte Nüsse
2 EL Pflanzenöl
30 g Honig
Zimt

1. Den Backofen auf 170 °C (Ober-/Unterhitze) vorheizen. Ein Backblech mit Backpapier auslegen. Für das Granola Dinkelflocken und Nüsse vermischen und auf dem Backblech verteilen. In einem Topf das Öl mit dem Honig erhitzen und beides über die Nuss-Flocken-Mischung geben. Mit 1 Prise Zimt würzen. Alles gut vermengen und im heißen Backofen (Mitte) in 12–15 Minuten goldgelb backen. Herausnehmen und die Ofentemperatur auf 220 °C erhöhen.
2. Die Himbeeren verlesen und mit dem Puderzucker marinieren. Etwa 10 Minuten ziehen lassen.
3. Für die Gratinmasse die Vanilleschote längs aufschneiden und das Mark auskratzen. Topfen mit Eigelb, Zitronenabrieb und Vanillemark verrühren. Eiweiß zu festem Schnee schlagen; dabei 1 kleine Prise Salz zugeben und den Zucker einrieseln lassen. Den Eischnee unter die Topfenmasse ziehen.
4. Die Himbeeren auf hitzefeste tiefe Teller verteilen und mit der Topfenmasse bedecken. Im heißen Backofen (Mitte) bei 220 °C goldbraun überbacken. Herausnehmen, mit Puderzucker bestäuben und mit Granola bestreut servieren.

### BACHMEIERS TIPP

***Granola** kann auch in größerer Menge auf Vorrat zubereitet werden. Es eignet sich wunderbar fürs Frühstücksmüsli und ist in Einmachgläsern gut haltbar.*

# BANANEN-CHEESECAKE

## MIT KARAMELLISIERTEN BANANEN

### FÜR 6–8 PERSONEN

**Für den Boden**

50 g Butter
100 g Kekse oder Müsli

**Für die Cheesecake-Füllung**

2 reife Bananen
400 g Frischkäse
1 Ei (Größe M)
1 EL Vanillezucker
1 Bio-Zitrone
10 g Speisestärke
80 g Sahne
1 EL Zucker (je nach Geschmack und Süße der Bananen)

**Für die schnelle Schokoladensauce**

100 g Zartbitterkuvertüre
40 g Sahne • 80 g Milch
1 EL Zucker

**Für die karamellisierte Banane**

20 g Butter • 1 Banane
1 EL Zucker
1 kleiner Zweig Rosmarin

1. Den Backofen auf 170 °C (Ober-/Unterhitze) vorheizen. Eine Springform (28 cm Ø) mit Backpapier auskleiden. Für den Boden die Butter zerlassen. Kekse oder Müsli zerkleinern und mit der Butter vermengen. Die Streusel in der Springform verteilen und im heißen Ofen (Mitte) etwa 10 Minuten backen. Herausnehmen und auskühlen lassen. Die Backofentemperatur auf 180 °C erhöhen.
2. Inzwischen für die Cheesecake-Füllung die Bananen pürieren und mit Frischkäse, Ei und Vanillezucker in einer Rührschüssel vermengen. Die Zitronenschale fein darüberreiben. Die Zitrone auspressen und den Saft mit der Stärke verrühren, beides zur Masse geben. Die flüssige Sahne unterrühren und bei Bedarf mit etwas Zucker nachsüßen. Die Masse auf den Kuchenboden geben und bei 180 °C im heißen Ofen (Mitte) 40 Minuten backen.
3. Inzwischen für die schnelle Schokoladensauce die Kuvertüre fein raspeln. In einem Topf Sahne und Milch aufkochen, die Kuvertüreraspel zusammen mit dem Zucker zugeben und unter ständigem Rühren schmelzen. Die Sauce vom Herd nehmen, lauwarm rühren und beiseitestellen.
4. Den Cheesecake aus dem Ofen nehmen, auskühlen lassen und in gleich große Stücke schneiden.
5. Für die karamellisierte Banane die Butter in einer beschichteten Pfanne aufschäumen (→ S. 34). Die Banane schälen und in 1 cm dicke Scheiben schneiden. Bananenscheiben in die Butter legen und mit dem Zucker karamellisieren. Rosmarinnadeln abzupfen, grob hacken und mit in die Pfanne geben.
6. Cheesecake auf Tellern anrichten. Aus der Schokoladensauce einen kleinen Spiegel gießen, die Bananenscheiben daneben anrichten.

# REGISTER

## G



## H



## I

## K



## L



## M

## N



## O



## P



## Q



## R



## S

## T



## V



## W



## Z

# DANKE!

Meiner Floriane. Danke für Deine Unterstützung
und den Halt, den Du mir gibst.

Herzlichen Dank an mein gesamtes Team
in den Bachmeier Genussfreuden.

Meinem Coach Florian Pavic – dank Dir bin ich
immer auf das Wesentliche fokussiert.

Olli und Jackie vom Museumsstüberl im Biermuseum
für die nachbarschaftliche Unterstützung.

## NOCH MEHR TOLLE BÜCHER

Heimatküche einfach anders!
22,00 € (D) | 22,70 € (A)
ISBN 978-3-7459-0778-0

Pasta Tradizionale
30,00 € (D) | 30,90 € (A)
ISBN 978-3-96093-690-9

Vegetarisch – Gemüse neu entdeckt
30,00 € (D) | 30,90 € (A)
ISBN 978-3-96093-844-6

# IMPRESSUM

Bibliografische Information der Deutschen Bibliothek.

Die Deutsche Bibliothek verzeichnet diese Publikation in der Deutschen Nationalbibliografie.

Detaillierte bibliografische Daten sind im Internet über http://www.dnb.de/ abrufbar.

Alle in diesem Buch veröffentlichten Abbildungen sind urheberrechtlich geschützt und dürfen nur mit ausdrücklicher schriftlicher Genehmigung des Verlags gewerblich genutzt werden. Eine Vervielfältigung oder Verbreitung der Inhalte des Buchs ist untersagt und wird zivil- und strafrechtlich verfolgt. Das gilt insbesondere für Vervielfältigungen, Übersetzungen, Mikroverfilmungen und die Einspeicherung und Verarbeitung in elektronischen Systemen.

Die im Buch veröffentlichten Aussagen und Ratschläge wurden von Verfasser und Verlag sorgfältig erarbeitet und geprüft. Eine Garantie für das Gelingen kann jedoch nicht übernommen werden, ebenso ist die Haftung des Verfassers bzw. des Verlags und seiner Beauftragten für Personen-, Sach- und Vermögensschäden ausgeschlossen.

Bei der Verwendung im Unterricht ist auf dieses Buch hinzuweisen.

EIN BUCH DER EDITION MICHAEL FISCHER

1. Auflage 2022

© 2022 Edition Michael Fischer GmbH, Donnersbergstr. 7, 86859 Igling

Covergestaltung und Layout: Lena Albert

Satz: Alexandra Wolf

Projektmanagement: Katharina Steffelmaier

Lektorat und Redaktion: Christiane Manz, München

Texte: Rudolf Bögel

Fotografie: Benedikt Roth, München

Foodstyling: Hans Jörg Bachmeier

Bildnachweis Illustrationen: Rautenmuster: © nnatalli/Shutterstock; Stempel: © darsi/Shutterstock; Länder/Regionen: S. 26, 44, 64, 80, 94, 106, 116, 133, 144: © Natashadub/Shutterstock, S. 27, 77: © Ruslan Maiborodin/Shutterstock, S. 30, 52, 74, 78, 100, 114: © singora vector/Shutterstock, S. 32, 38, 42, 51, 56, 62, 68, 70, 73, 88, 90, 96, 130, 136, 142, 144, 150: © Filip Bjorkman, S. 36: © Vladimir Molnar/Shutterstock, S. 40, 98, 134: © Comet Design/Shutterstock, S. 43: © stas11/Shutterstock, S. 46, 132: © Ink Drop/Shutterstock, S. 50, 72, 91, 111, 139, 149: © Piotr Przyluski/Shutterstock, S. 58, 112: © Aschenbrenner Attila/Shutterstock, S. 118: © Kseniia Voropaeva/Shutterstock

ISBN 978-3-7459-1215-9

Gedruckt bei PNB Print SIA „Jansili“, Silakrogs, Ropazu novads, LV-2133, Lettland

www.emf-verlag.de

In Lizenz der BRmedia Service GmbH